대숲에 달이뜨니

대숲에 달이 뜨니

정인호 수필집

세종출판사

책을 내면서

이번이 다섯 번째 수필집입니다. 그런데도 처음 책을 낼 때보다 더 가슴이 뛰고 더욱 몸을 도사리게 되는 것은 무엇 때문일까요. 글이란 푹 익은 과일처럼 완숙한 맛이 나야 하는데 저는 아직도 풋내가 가시지 않았다는 생각이 듭니다.

하지만 성실하고 진실되게 쓰려고 노력한 것만은 사실입니다. 제 나름의 역사의식과 상황인식을 글에 담으면서 가장 겸허하게 저 스스로를 낮추었습니다. 독자들은 그 점을 좋게 평가하면서 따뜻한 격려를 주신 덕분인지 초판 1쇄 3,000부 전량이 다 나가고 부랴부랴 2쇄 발간까지 하게 되었습니다.

글은 많이 듣고 많이 써보라고 하므로 저는 더욱 말을 삼가는 대신 깊이 관조하리라 다짐했으며 또 그렇게 할 것입니다. 이번에 저의 수필집이 출간되기까지 여러분에게서 물심양면 큰 도움을 받았습니다. 그분들의 크신 은덕을 잊을 수 없습니다. 특히 2014년도 부산광역시 문학창작지원금을 받도록 힘써주신 관계자 여러분에게 깊은 감사를 올립니다.

2014년 12월 정인호 올림

차례

제1부 반성문을 쓰면서

제2부 돌고 도는 것

제3부 달빛에 취해

제4부 힘내라 가계수필

제5부 동그스름하게

제1부

반성문을 쓰면서

뒷북을 치며 / 반성문을 쓰면서 / 거리귀신
대물림 / 나 아직 혜안에 길들지 못해
멧돼지 / 오빠! / 말복, 그리고 피자
팔가조 / 내 방안의 모든 것

뒷북을 치며

흔히 우등상도 좋지만 개근상이 더 훌륭하다고들 한다. 개근상을 받으려면 포기하지 않는 인내심과 부지런함이 있어야 가능한 일이기 때문이다. 하지만 학교생활뿐만이 아니고 우리 일상의 삶도 그와 같아야 하는 것이 아닐까.

나는 동네 목욕탕에 있는 조그만 헬스장으로 가는 것으로 하루를 연다. 반복되는 일상이지만 오늘 하루도 보람차게 보내자는 마음으로 밝고 환하게 아침운동을 시작한다. 하지만 새벽시간에 하루도 빠짐없이 개근한다는 것이 말처럼 쉽지가 않다. 어쩌다보면 늦잠을 잘 때도 있고 사람이 기계가 아닌 다음에야 시간에 맞게 일어나기가 힘들 때도 있다.

철학자 칸트는 매일 정해진 시간에 어김없이 산책을 했기 때문에 사람들이 그가 지나가는 걸 보고 시계를 맞췄다고 한다. 그렇게 시계처럼 정확치가 못해 탈이지만 나름대로 노력하며 산다. 사람이 나이가 들면 창의력과 기력이 조금씩 줄어들 수밖에 없다지만 쉼 없이 노력하면 극복할 수 있다는 것이 나의 지론이다.

내 열성은 그것이 전부가 아니다. 잠자리에 들기 전에 시계를 새벽 5시에 맞춰놓는다. 그래도 기상 시간은 언제나 들쭉날쭉 이다. 어쩌다 헬스장에 지각하는 날에는 뻔뻔스럽게도 큰 소리로 "1등" 하고 외치며 들어간다. 거기다가 환한 미소까지 곁들인다. 늦게 도착한 주제에 큰소리 내지르며 입장하다보니 먼저 와 운동하는 분들에게 불리는 별명이 '일등 아저씨'가 되었다.

비록 헬스장 모임이지만 시간을 지키자는 규칙은 있게 마련이다. 그들이 운동하는 모습을 보고 따라하는데 모두가 스승인 셈이다. 나의 시간 지키기는 그들에게 한 수 아니라 몇 수가 뒤지기 때문이다.

유럽의 '햄글라스' 라는 기업체는 아이스크림을 만들어 차량에 싣고 다니면서 판매하는 회사라고 한다. 마을 입구에 들어서자마자 신호음악을 틀어놓으면 그 시그너쳐 멜로디를 듣고 아이스크림 차량이 도착했구나, 하며 사람들이 달려온다는 것이다. 내가 아침마다 1등이라고 외치는 것도 나대로의 철학이 담긴 인사이다. 아이스크림 차의 신호음처럼 출석의 신호는 물론이고 "여러분! 안녕하십니까."라는 기분 좋은 아침인사가 되기를 바랐다.

언젠가 TV를 시청하다가 자정을 훌쩍 넘긴 적이 있다. 브라질 아마존 강에 사는 동물인 슬로스sloth에 관한 다큐멘터리였는데 열대림에서 살아서인지 동작이 느릿느릿했다. 저러고도 어찌 살아가는지 걱정이 되었는데 그 프로가 끝나고 잠자리에 들면서 생각해보니 한 생을 미적대며 여태 살아온 내 삶도 저 녀석들과 크게 다를 것이 없다는 것을 인정하지 않을 수가 없었다.

나는 아침마다 한 시간 헬스장에서 운동을 한다. 자꾸 굽어지려는 척추를 바르게 펴고 얼굴엔 짐짓 가벼운 미소를 띠고 씩씩하게 걷고 뛰며 어깨가 떡 벌어진 분들의 흉내라도 내 보려고 안간힘을 쓴다. 두 팔을 흔들다 보면 웬만한 장애물쯤이야 쉽게 극복할 수 있는 삶의 방법을 터득할 수도 있을 것 같아서다.

이 세상에 힘들이지 않고 보람을 찾는 일이 어디 있겠는가. 고통 없이는 얻는 것이 없다고 했듯이 그런 값진 교훈을 아침운동 시간에 얻는다는 것이 얼마나 보람찬 일인가. 원만한 대인관계하며 갖가지 얻어 듣는 삶의 지혜에다 엄청 소득이 많은 곳이 헬스장이라고 나는 생각한다.

하루의 설계는 이른 아침에 이루어진다고 했다. 그 시간에 반겨주고 기다려주는 이웃들이 있으니 이만하면 마음 부자가 바로 내가 아닐까. 지각을 밥 먹듯 하는 주제에 1등이라고 뻔뻔스럽게 뒷북을 치며 헬스장에 들어서는 순간 온 우주를 다 품은 사람이 된다.

반성문을 쓰면서

사람의 한평생은 실수 연발이다. 모르고 한 잘못이라면 동정할 여지가 있지만 나이든 사람 소행이라면 용서 받기가 힘 든다. 공자는 60세를 이순이라 하여 남의 말에 귀 기울일 때라고 했는데 나는 환갑 진갑 다 챙겨먹고도 엉뚱한 실수를 했으니 부끄럽기 짝이 없다. 그러던 어느 날, 힘든 세상을 제대로 살아가는 사람을 보고나서야 반성문을 쓰고 있다.

내 친구는 자수성가하여 어림잡아 100억대 재산을 쌓아둔 부자인데도 검소한 삶을 살아가는 인물이다. 재산뿐만 아니라 자식복도 만만찮아 슬하에 아들 삼형제를 두었는데 한날 한 시에 결혼을 시키겠다며 나를 찾아와 주례를 서달라는 것이었다.

그와는 한 동네에서 이웃해서 살았기에 삼형제가 하나같이 대학과 군복무를 마치고 반듯한 직장 얻어 자립해 나무랄 데 없는 모범청년들이라는 것을 잘 알고 있다. 그렇다면 맏이부터 차례대로 성혼시키는 것이 당연한데 느닷없이 합동결혼식이라니 납득이 가지 않았다.

그의 설명인즉, 허례허식과 낭비적인 예식문화를 바꾸는데 앞장서기 위해 신부 측과 의논이 되었다고 했다. 혼주의 평소 활동력으로 보아 청첩장 1,000장을 찍어도 모자라겠지만 단 60장으로 선별해서 초청했다는 것이다. 입던 양복을 세탁해서 입고, 안혼주에 한해서 한복만 한 벌 주문한 것이 전부란다.

그런 의미심장한 결혼식에 저명인사를 주례로 초빙할 일이지 왜 나 같은 사람을 택했을까. 집례의 경험이 없을 뿐만 아니라 그만한 덕을 쌓은 인물이 아니지 않은가. 그러나 하도 진지한 부탁인지라 거절할 수도 없고 참으로 난감하다는 생각이 들었다. 그 부탁을 듣는 순간 심장은 멎는 듯 했다.

그와 나는 40년 이상 돈독한 우정을 나눈 사이어서 출생배경부터 살아가는 자세까지 훤히 꿰뚫고 있는 처지다. 내 조상 대대로 친가와 외가가 흉허물 없이 살아왔고 부모공경에서 자식교육까지 만사가 본받을 만하다며 주례를 맡아주면 합동결혼식이 빛날 것이라고 부득부득 매달리는 것이었다. 요즘 세상에 주례의 화려한 이력이 대세이지 명함에 인쇄할 수도 없는 가문의 자랑이나 효심이 뭐 그리 대단한 것이라고 나를 점찍었는지 모를 일이다.

이실직고하면 나도 사람인지라 살아오면서 이런저런 실수가 많았다. 공직자를 뽑는 청문회에 나간다면 영락없이 한나절도 못 버틸 위인이다. 10여 년 전 맏아들 장가보낼 때는 겁도 없이 청첩장을 1,200장이나 뿌리고 부산의 최고급호텔 연회실에다 1,000명 좌석을 예약했었다. 주례는 국립대학 총장님을 초빙하는 등 유난을 떨었다.

그리고 둘째 아들 역시 서울 한복판에 자리 잡은 세종문화회관에서 예식을 치렀다. 맏아들 혼사 때처럼 꽃 접시에 스테이크를 담아내고 외국산 와인으로 하객을 접대했다. 내 생활근거가 부산인데 예식은 서울 광화문 네거리에서 치르느라 막 개통한 부산~서울 KTX 승차권을 수백 장이나 하객들에게 나눠드렸으니 뒤돌아보면 실수라기보다 오만이 아니었을까.

누구나 인생을 살다보면 몇 차례의 실수는 있겠지만 헛된 자기과시, 그것은 한국인의 고질병이다. 두 자식을 적령기에 장가보낸 것은 잘한 일인지는 몰라도 절제와 안분지족의 모순을 나를 아는 모든 사람에게 보여주지 못한 것이 못내 부끄럽다. 그런 미성숙의 허장성세를 되풀이하지 말도록 이제는 겸허한 삶을 살아야 할 일이다.

내 친구 아들 삼형제의 합동결혼식 날짜는 하루하루 다가오고 성스러운 예식을 집례하면서 실수하지 않으려고 준비하다 보니 체중까지 줄어드는 것 같았다. 옛말에 만사불여튼튼이라고 했듯이 혼주가 정한 어느 공공기관의 강당을 미리 찾아가 마이크와 조명상태를 꼼꼼히 점검했다. 그리고 서재에 틀어박혀 거울을 앞에 놓고 5분 이내 주례사를 끝낼 수 있도록 원고지에 적어 연습에 연습을 거듭했다.

난생처음 주례를 선 다음날, 입안이 터지고 여기저기 근육통이 왔는데 피로를 풀 겨를도 없이 반성문부터 써야 되겠다는 생각이 먼저 들었다. 수백억대 재산가도 허례허식 추방에 앞장서는데 나는 과연 어떠했던가. 입으로는 혼례문화간소화를 나팔불면서 자식 결혼식에는 꽃값으로만 수백만 원을 쓰고 한 사람당 10만원도 넘는 식대를 지불하고 유난을 떨지 않았던가. 그래 놓고도 소박한 혼례를 집전할 자격이 있었는가? 새삼 부끄럽게 느껴졌다.

그러고 난 며칠 후의 일이다. 무심코 TV를 켰는데 친구의 장한 모습이 뉴스 시간에 비쳤다. 아들 삼형제의 합동결혼식을 간소하게 치르고 절약한 비용을 어렵게 사는 사람에게 기부하는 장면이었다. 머리를 한 대 얻어맞은 기분이었다. 친구는 한마디로 어떻게 사는 것이 사람답게 사는 길인가를 보여준 것이다. 나는 허우대만 멀쩡했지 제대로 분수를 지키지 못하며 살았다는 그런 후회가 절절히 밀려오는 것이었다.

거리귀신

잠적하게 앉아 있을 수가 없다. 잠시라도 꼼지락대지 않으면 온 몸에 가시라도 돋을 것 같은 성미인지라 산등성이의 꽃들이 환하게 미소 짓거나 단풍이 아우성치는 날에는 더더욱 방안에만 갇혀있을 수 없다. 그런 유혹에 넘어가지 않겠노라 마음을 다잡지만 거리귀신은 영락없이 나를 꾀어내어 한사람의 나그네를 만들고 만다.

그런데 왜 하필이면 행선지가 합천 해인사인가. 평소에 마음속에 두고 있는 일이 있다면 무의식중에 그것이 행동으로 나타나는 경우가 있다고 했기 때문이다. 먼 길을 달려가서 '대장경 천년세계문화축전' 행사장에 입장하려고 긴 줄에 서서 차례를 기다리는 이유가 그런 잠재의식에서 비롯된 것이 아니겠는가.

이날 축전은 해인사 팔만대장경 8천여 장 중에서 가장 핵심이라는 두 장을 일반에게 공개하는 특별행사 기간이다. 그 두 장은 「마하반야바라밀다심경」과 「화엄경변상도」라고 하는데 천년동안 해인사 장경판전藏經版殿에 보관돼 오던 것으로 이번 아니면 영원히 구경하지 못한다고 하여 더욱 가슴이 설렜다.

한마디로 행사장은 발 디딜 틈도 없는 인파로 북적댔다. 계모임에 따라온 어떤 시골 할머니는 "빨래판 보려고 이 고생인가." 라며 볼멘소리를 했지만 그건 말도 안 되는 폭언이 아닐까. 내가 이곳으로 오지 않았다면 타임머신을 타고 천 년 전으로 되돌아가 대장경을 조성하던 고려인들을 돕기도 하고 몽고 침략군을 막는데 일조했을 것 같아 잘 왔다는 생각이 들었다.

사실 팔만대장경이라면 세계의 어떤 문화유산보다 우수하고 값진 것이다. 불경의 수십만 글자를 일일이 목판에 새기는 기술과 정성은 고사하고, 그 많은 목재를 구해서 일정한 규격으로 다듬고 뒤틀림 없도록 바닷물에 담가 가공한 정성이 놀랍다. 그리고 장경판에 새긴 수많은 글자는 음각이 아니다. 볼록하게 튀어나온 양각陽刻으로 새겨낸 노력과 끈기가 더욱 놀랍다. 음각과 양각의 차이를 이해하려고 자세히 들여다볼수록 선인들의 엄숙한 작업과정이 활활 타오르는 것 같았다.

언젠가 부산시립미술관에서 '모네에서 워홀까지'라는 미술품 전시를 감상한 적이 있다. 주최 측에서는 그 작품들을 신의 경지에 이른 걸작이라며 홍보했으나 워낙 둔재인지라 제대로 납득이 되질 않아 그저 시큰둥했었다. 서양 미술품은 대중화를 지향하는 것이라고 한다지만 무슨 예술적 가치가 있다는 것인지 잘 이해가 가질 않았던 것이다.

그것이 대량생산과 대량소비에 말미암은 인간의 개성상실과 획일화를 상징한다는 것은 이해할 수 있었다. 하지만 만화 같고 일반적인 상품의 선전 포스터 같은 것을 예술작품이라고 하니 서양문화란 너무 싱겁다는 생각을 떨쳐버릴 수가 없었다. 전시장 벽면보다 더 높은 벽에 내 수준이 부딪히고 만 격이랄까.

그날 전시된 112점 중 녹슨 쇳덩어리와 유리병을 화판에 붙여놓은 것도 여러 점 있었다. 또 내 시골집 아궁이로 밀어 넣기 알맞은 나무토막을 아무렇게나 쌓아둔 장작더미 같은 것도 있고 어떤 미술가는 수세식 변기를 그대로 갖다놓고 작품이라고 하니 더 말할 나위가 없었다.

하기야 미술에 문외한인 내가 첨단 현대미술 흐름을 비판할 수는 없다. 그렇지만 예술이고 문학이고 간에 보통 사람들이 보고 즐기고 공감해야 하는 것은 아닌지 모르겠다. 그래서 그날 팔만대장경을 보고 빨래판 운운했던 시골 할머니와 현대미술을 감상하는 내 수준이 같았던 것 같아 피식 웃었다.

그날 어렵게 대했던 국보 32호 팔만대장경! 심산유곡 천년사찰 해인사에서 깊이깊이 간직해 오던 그 찬란한 겨레의 보물을 내 눈으로 감상한 것은 얼마나 보람 있는 일인가. 툭하면 거리귀신에 들려 이리저리 나다니는 벽癖이 있지만 이날은 가치있는 여행을 한 것은 사실이다.

흔히 나무아미타불 관세음보살만 독송해도 죄업을 벗고 해탈의 길을 갈수가 있다고 한다. 이제 대장경을 보고 왔으니 나에게도 그릇에 담을 수 없을 만큼 엄청난 무량수無量壽의 복덕이 오지 않을까 은근히 기다려지는 마음이다.

대물림

까마득한 성층권 하늘로 제트기 편대가 날아오른다. 코발트색 창공의 도화지위에 빨강 노랑 파랑 등 다섯 가지 연기를 뿜어내어 그림을 그리며 달아나는 코리아 막강공군 T-50B 블랙이글 팀의 공중묘기다. 여기저기서 내지르는 "와우!" 소리가 해운대 모래축제장에 메아리치는 소리를 듣고 있자니 마음은 어느덧 훨훨 머나먼 내 고향 옛집으로 달음질친다.

유년시절에 우리 집에는 새벽부터 동네 아이들이 모여들었다. 제비주둥이 같이 입을 오물거리며 글 읽는 소리가 어쩌면 공중묘기를 부리는 비행기처럼 힘차고 씩씩하게 퍼져나갔다. 그 무렵 새벽잠을 깬 새들이 막 지저귀기 시작하고 또래들은 새소리를 귓전으로 흘리며 한문책을 읽으면 새들도 덩달아 맞장구를 치던 그 시절.

당연히 서당을 지키는 훈장선생님은 근엄하신 내 증조부였다. 노인이 회초리를 옆에 두고 "어흠!" 하고 호랑이 우는 소리로 헛기침을 할 때는 신기하게도 어제 배운 문장이 생생하게 기억되었다. 입속에서 우물거리는 학습법이었다면 다음 페이지로 진도가 나가는 것은 불가능했지 싶다.

당시 할아버지의 연치年齒가 거지반 여든 안팎이셨는데 학동들 각각 나이에 맞는 맞춤형 지도를 해나가는 솜씨가 서울 강남의 일류학원 족집게 강사보다 한 수 위가 아니었던지 모르겠다. 글은 입속으로 우물대지 말고 큰 소리로 읽어야만 책 속 학문이 내 것이 된다. 내가 읽는 소리를 내 귀로 듣고, 내 가슴에 새겨져야 내 마음의 자양분이 된다고 강조하셨다.

한번은 퇴계선생이 성학십도聖學十圖라는 열 폭 병풍을 만들어 선조임금께 바친 얘기를 해 주셨다. 여러 폭의 그림 중 하나가 소학도小學圖인데 왕세자가 보고 쉽게 배우란 교재이다. 한 줄 한 줄 읽어나가는 가운데 인간이 지켜야 할 기초적인 행위부터 깨우치게 하여 절대군주 군왕이 된 후에도 그 도를 지키게 하려는 목적이었다고 한다.

위대한 지도자들의 유년시절은 큰 소리로 글을 읽거나 읽게 하면서 꿈과 목표를 설정하게 했다는 것이다. 단순한 옛 이야기로 끝나는 것이 아니라 마치 나의 현실처럼 느껴지면서 지금도 할아버지의 진지한 지도과정이 선명하게 떠오른다.

세월 탓인가. 요즘 나는 독서라도 할 양이면 삼동네가 민망할 정도로 소리 내어 읽는다. 그래야 속이 시원하고 이해하기도 쉽다. 큰 소리로 글을 읽어 몸에 밴 습관은 입속에서 우물거릴 때보다 활발하게 살아가고 있다는 생각이 들어 계속 이어가려고 한다.

사실 낭독의 학습효과는 놀랍다. 이를테면 아이들이 방안에서 문을 닫고 문장을 읽으면 엄마의 설거지소리를 뚫고 부엌까지 들릴 만큼 절로 향상된다고 한다. 응석받이 내 손자도 "read out loud" 즉, 큰 소리 학습법에 따라 공부한다고 녀석은 자랑이 대단하다. 그런 걸보면 조상들이 물려준 자신감 넘치는 DNA가 아이에게까지 대물림된 것이 분명하다.

내가 막 사춘기에 접어들 때, 증조부께서 명심보감 계선편繼善篇을 가르쳐 주셨다. 그 속에 나오는 문장이 이랬다. "공자왈孔子曰 위선자는 천이보지 이복하고 위불선자는 천이보지 이화니라…" 착한 일 하는 자에게는 하늘이 복을 내리고 악한 일을 하면 하늘이 화를 내려 앙갚음 한다… 이 얼마나 교훈적이고 좋은 말씀인가.

하지만 감수성이 예민했던 나는 그 좋은 글귀를 들으며 "킥킥" 웃음보를 참느라고 애를 먹었던 기억이 난다. 책 속에 훌륭한 글귀를 다 놔두고 "보지" 운운 하는 報之라는 구절만 귀에 쏙 쏙 들어왔으니 참으로 한심한 행동이 아닐 수 없었다. 머리에 쇠똥도 마르지 않은 또래들과 어울려 이 골목 저 골목 두 글자가 든 구절을 외우며 대가연大家然 했으니 얼마나 철대가리가 없었던고.

요즘 여기저기서 수필 낭송회가 뻔질나게 열리고 있다. 낭송하는 문인의 낭랑한 목소리를 듣고 있으면 내 마음은 어느덧 할아버지 무릎에서 수학하던 시절로 달음질치곤 한다. 마침 기회가 있어 한국문인협회에서 주관한 중국 문학기행 때 백두산에서 푸르디푸른 천지를 내려다보며 내 수필 한편을 큰 소리로 낭독했던 일은 잊을 수가 없다.

내 어릴 적 증조부께서 지도해 준 학습법이 제대로 대물림되었는지 확인차원이었다. 다행히도 내 칼칼한 목소리가 성층권 하늘로 치솟았다고 우레와 같은 박수를 받았으니 제대로 대물림이 된 것이 아닐까.

나 아직 혜안慧眼에 길들지 못해

인생은 미완성이라 했습니다. 하지만 지난날을 생각하면 후회스러운 일이 한두 가지가 아닙니다. 이 세상에 처음부터 완벽한 사람은 없겠지만 좁쌀처럼 속 좁은 짓을 한 기억은 좀처럼 잊히질 않고 세월이 지날수록 새록새록 되짚어지는 것은 왜인지 모르겠습니다.

요즘 저는 안경 챙기는 일로 하루를 시작합니다. 그것은 신체의 일부와 연결된 소도구에 불과할 뿐이지 그것으로 제 생각과 통할 수는 없습니다. 그렇게 철저하게 챙겨도 겨우 돌 뿌리 걷어차고 고꾸라지는 일을 피할 수 있었던 것이 전부였습니다. 더 깊게 인생을 바라보려면 더 크게 마음을 여는 것이 필요하다는 것을 깨닫습니다.

제가 50줄에 들어서자마자 시력에 노화현상과 원시까지 겹쳐 급기야 안경이 나를 컨트롤한다고 해도 틀린 말은 아닙니다. 그것으로 코앞의 장애물은 피할 수 있겠지만 삶의 굴곡진 이 일 저 일 죄다 내다볼 수는 없지 않겠습니까. 세상을 보는 능력이란 영혼의 눈뜸으로 길러져야지 보조기구 따위로는 손바닥 뒤에 숨은 자잘한 일상사의 의미조차 들여다 볼 능력이 없습니다.

이를테면 이런 일도 있었습니다. 난생처음 해외여행을 떠나 어느 호텔에 여장을 풀었을 때입니다. 땀에 젖은 와이셔츠를 벗어 세탁소 신세를 지게 되었는데 다음날 다림질한 옷과 계산서를 받고 보니 제 몫은 미화 2달러이고 룸메이트 몫은 1달러에 불과했었습니다.

두 사람의 세탁비 3달러 전액을 지불하지 않고 기어코 친구의 몫 1달러를 내라고 우겼던 것입니다. 1달러의 가치는 우리 돈으로 500원이었던 시절이었으니까 밀고 당기고 할 일은 아니었는데 말입니다. 하기야 객지에 나오면 한 푼이라도 절약해야 하는 것은 당연하며 특히나 천만리 이국이라면 말해 무엇 하겠습니까.

집 나설 때 매사에 조심하라며 아내가 저의 속옷 저 깊은 곳에 또 다른 천을 덧대어 달아주었던 호주머니에 지갑을 넣어버렸습니다. 그처럼 내 것 아까운 줄만 알고 한치 앞을 내다볼 줄 모르는 맹꽁이 짓을 했다 싶어 40여년이 흐른 지금까지 저 스스로 참

괴해집니다.

지난날 정장차림으로 열대지방으로 여행을 떠났던 그 시대는 아득한 역사 속으로 사라졌습니다. 우리가 국민소득 2만$ 시대를 넘기는 동안 숨 가쁘게 달려왔습니다. 그러나 그 변화가 우리에게 얼마만큼 삶의 질을 높여 준 것인지 생각해 봅니다.

소득은 늘었지만 그만큼 서로에게 마음을 닫아버리면서 더불어 살자는 상생의지가 실종된 지 오래인 것 같습니다. 게다가 제가 워낙 못난 인간이라 걸핏하면 '내 것 네 것'을 가리는 버릇이 부지불각 중에 도지고 했습니다. 그런 협량으로는 아무 일도 할 수 없다는 것을 알면서도 고치지 못했습니다.

저는 일 년에 한두 차례 안과병원 신세를 지고 있습니다. 부족한 시력을 치료하는 것이 목적이지만 '어리석음도 함께 치료할 수는 없을까?' 하는 엉뚱한 생각을 하면서 드나들었습니다.

욕심 같지만 사물의 본질이나 이면까지도 꿰뚫어 볼 수 있는 혜안慧眼을 기르고 싶은데 의사 선생님은 그것을 알아차리지 못하고 허욕으로 오염된 저의 눈동자를 확대경으로 들여다보기만 합니다.

멧돼지

세상이 뒤숭숭하다. 그러더니 요새는 멧돼지란 놈이 툭하면 말썽이다. 무시로 마을에 내려와 농작물을 망쳐놓더니 며칠 전에는 겁도 없이 도심 한복판까지 나타나서 사람들을 깜짝 놀라게 했다는 뉴스다. 마침 TV화면을 봤는데 닥치는 대로 이것저것 주워 먹은 탓인지 저팔계처럼 피둥피둥했다.

멧돼지란 녀석은 길쭉한 주둥이를 앞세우고 날카로운 송곳니에다 세상을 무너뜨릴 것 같은 눈매가 섬뜩할 만큼 무서웠다. 하지만 멧돼지는 멧돼지였다. 어쩌다가 멧돼지 무리들은 데이트 장소로 번잡한 시가지를 택했을까. 명색이 산중에서는 강자라고 자칭하던 녀석들이 사람들에게 쫓기다가 급기야 독안에 든 생쥐처럼 꼼짝없이 갇힌 모습이 조금은 처량해 보였다. 쫓고 좇기다가 경찰관이 쏜 총에 쓰러졌는데 다른 놈은 용하게 포위망을 뚫고 휑하니 어디론가 내빼고 말았다.

멧돼지는 산에 살아야 멧돼지다. 녀석들이 민가에 나타나는 것은 인간의 무절제한 개발 때문에 먹이와 서식지를 잃은 때문이 아닐까. 그렇다 해도 야성野性을 지닌 채 인간세계를 넘보는 것은 분명 하나의 일탈逸脫이요 받아들일 수 없는 행동이다. 도심에 출몰한 멧돼지가 머릿속으로 오버랩 되며 떠오르는 얼굴들이 있다.

요즘 줄줄이 쇠고랑을 차고 감옥으로 가는 사람들이 유행병처럼 번지고 있어서 안타깝다. 고위공직자, 국회의원, 게다가 현직 대통령 형님이었던 소위 왕 형님이라 호칭되던 그분까지. 어디 그뿐인가. 어느 정당의 원내 대표를 맡은 분까지 눈살 찌푸리게 하는 좋지 못한 혐의를 짊어지고 있다. 하나같이 뇌물을 받아먹었느니 어쨌느니 하며 뉴스의 초점이 되고 있어서 이젠 사람들 가슴에 아예 대못을 박아버렸다고 한다.

그들이 비리에 연루되었건 어쨌건 언감생심 맹렬하게 설쳐대다가 총에 맞아 죽은 녀석들과 닮은꼴은 아닌지 모르겠다. 사람들 마음속 오욕五慾이란 다섯 가지의 욕심 중에서 더 많이 지녀보겠다는 재물 욕이 끊임없이 솟아오르고 있다고 한다. 고위공직자이든 국회의원이든 모두가 욕심의 노예가 되어 살아갈 수밖에 없다고 한다.

올바르게 산다는 것도 넘치는 탐욕을 얼마나 조절할 수 있느냐에 따라 사람 구실을 할 수 있다고 하는데 그들은 제동장치가 고장이 난 모양이어서 두려움을 떨칠 수가 없다. 조사를 받으러 검찰청 계단을 오르면서 하나같이 혐의를 발뺌한다 해도 믿을 사람은 아무도 없을 것 같다. 오히려 검은 돈을 받았느니 안 받았느니 구차한 변명을 하며 기자들의 카메라 앞에서 얼굴을 가리고 손을 내 저으며 황급히 떠나가는 모습자체가 욕심을 버리지 못해 생겨난 인과응보였기에 어떻게나 천박해 보이던지.

멧돼지가 잡식성이라서 체면을 차릴 필요 없이 마구 먹어치우듯이 그들도 닥치는 대로 아무거나 받아먹었단 말인가? 개의 눈에는 그것만 보인다는 속담처럼 권세를 이용한 그들 눈에는 공직이 한낱 먹잇감이요 치부의 수단이 되었단 말인가. 그들이 TV 화면에 클로즈업되는 순간 장총을 맞고 피를 흘리며 쓰러진 멧돼지 모습이 겹쳐진다. 인간의 오만이 결코 넘어서는 안 되는 영역을 침범하다가 당하는 갚음인지라 늘 당하고만 살던 약자들에겐 얼마나 통쾌했을까 싶다.

탐욕이 몸을 망친다. 돈 있고 권력 있다고 이것저것 마구 삼키다가는 결국 후회할 날이 온다. 사자나 호랑이는 시장하면 먹이를 잡아 배를 채우지만 배를 채우고 나면 아무리 먹잇감이 앞에서 얼쩡거려도 본척만척하는 것도 보았다. 비록 짐승이지만 그칠 줄을 알고 만족할 줄을 알기 때문이다.

그러나 사람의 욕심은 끝이 없다. 산 같이 쌓아놓고도 더 가지려고 갈퀴손으로 마구 긁어 들인다. 한 번 당선되기도 어렵다는 국회의원을 여러 번 하면서 국익에 도움이 되는 일은커녕 뇌물까지 받는 추한 모습을 보인다면 멧돼지보다 훨씬 비윤리적이고 몇 배나 못난 존재가 아닐까.

그런데도 사람들은 멧돼지를 욕한다. 절제할 줄 모르고 탐욕에 몸을 맡긴 인간들. 욕먹어야 할 건 그들인데 툭하면 "돼지 같은 놈!" 이라며 누가 누굴 욕하는지 정말 혼란스럽다. 그러고 보니 도심 한복판에 나타났다가 비명횡사한 멧돼지만 불쌍하게 됐다는 생각이 자꾸만 든다.

오빠!

말 한마디라도 조심해야 한다. 말 한마디가 천 냥 빚을 갚기도 하고 눈물의 씨앗이 될 수도 있다. 평생 이어온 우정이 깨어지기도 하고 한 사람의 앞길을 막아버리는 경우도 있어서 혀는 몸을 치는 도끼라고 했다. 아무리 조심해도 지나침이 없는 것이 말이라 하는데 나는 실천을 못했으니 말이 되는가.

나는 고향에 갈 적마다 경상북도 영천 시내를 지나간다. 그때마다 읍내 재래시장에 있는 국밥집에서 요기를 하곤 한다. 뜨거운 국물로 양껏 호사를 누린 후에 상냥한 안주인이 덤으로 퍼 담아 준 마음의 노자까지 듬뿍 받고 떠났던 식당을 잊을 수 없다.

낯선 베트남 처녀가 거기서 언제부터인가 일하고 있었다. 코리안 드림을 꿈꾸며 국그릇을 나른 지 얼마 되지 않은 초보자일 때 내가 들렀던 것이다. 그녀의 외모는 열대지방 출신답지 않게 하얀 피부에다 다소곳한 자태가 우리나라 여성과 별반 차이가 없었지만 한국말이 어눌한 것이 다르다면 달랐다.

그녀는 주인으로부터 철저한 교육을 받아서 모발이 흰 나를 보고 "할아버지 어서 오십시오" 하며 인사하는 자세가 무척 밝고 호감이 갔다. 해맑은 얼굴에다 어떤 난관도 다 헤치고 온 우주를 품속에 다 넣은 후에 금의환향 하겠다는 결의가 보이는 듯했다.

그러던 어느 날이었다. 내가 할아버지라는 호칭에 거부반응을 보였다기보다 슬며시 장난기가 발동된 것이 화근이 되고 말았다. 그렇잖아도 초등학생 손자를 두었으니 할아버지라 불리는 것쯤은 당연한데 "나는 할아버지가 아니야, 오빠라고 불러줘"라며 너스레를 떨었다. 그녀는 잠시 어리둥절해 하는 표정을 짓다가 "오빠 어서 오세요,"라고 고쳐 말하는 것이 아닌가. 젊은 아가씨의 상냥한 반응에 기분이 좋아져서 "그래! 오빠 왔다"하고 답례를 해주었던 것이다.

그러고 나서 두어 달이 지났다. 그 베트남 처녀가 차츰 식당일에 재미를 붙여갈 때였다고 한다. 하루는 어떤 노인이 식당으로 들어섰는데 "오빠 어서 오십시오"하고 인사를 했다는 것이다. 그러자 노인은 벌컥 화를 내며 "무엇이 어째? 날 보고 오빠라고…" 라며 다짜고짜 온 동네가 떠나갈 듯 고래고래 고함을 질렀다고 한다.

영천이란 도시는 예부터 예절이 바른 도시로 유명하다. 만고 충신 정몽주의 고향이기도한 충절의 고장에서 평생을 살아온 팔순 노인에게 얄팍한 인사를 했으니 난리가 날 수밖에 없었던 것이다. 요즘 도시물을 먹은 노인에게 젊은 오빠라고 부르면 좋아서 입이 헤벌어지겠지만 평생을 반촌에서 늙은 노인에겐 해괴망측한 망언이 아닐 수 없었다. 어쨌거나 불같은 호통에 안절부절못하면서 갈피를 못 잡고 하루 종일 눈물을 흘렸다고 한다.

나는 나중에 자초지종을 듣고 무척 후회가 되었다. 농담으로 한 말 한마디가 의외의 결과를 불러 올 줄은 전혀 몰랐던 것이다. 좀 더 신중했더라면 그녀가 짐을 싸서 떠나지 않았을 텐데, 내 책임이 클 뿐이다.

나 자신의 진정한 가치를 저울질 하지 않더라도 어떤 생각을 하고 어떤 언어를 구사하는가에 따라 나의 모습이 그대로 나타난다. 무엇 때문에 천박한 언어를 구사했을까. 윤택해야 할 정신세계가 그것 밖에 안 되는 양 경솔했을까.

국밥집에서 일한다는 것은 일종의 3D 업종으로 봐야 한다. 어렵사리 구한 종업원을 잃게 된 식당주인의 허탈함도 매우 컸을 것 같다. 몸에 좋은 보약도 잘못 쓰면 독이 될 수도 있다. 사람이 나이 들면 얼굴까지 두꺼워진다고 했지만 왜 그런 낯 두꺼운 농담을 했을까. 안 해도 될 말 때문에 보약을 준다면서 독약을 준 것이다. 진중하지 못하고 경박했던 것을 자책하고 머리를 긁적거리며 한동안 멀거니 서 있었다.

요즘도 고향에 가면서 그 국밥집을 들르지 않고 그대로 통과해 버린다. 국도에서 그리 멀지 않은 조그만 암자를 찾는 기회가 잦아졌는데 예불소리에 귀 기울이고 법당 뒤에서 피폐해 진 정신세계를 자책한다. 그러면서 그때 베트남 처녀의 코리안 드림이 이뤄지길 빌다가 떠나곤 한다.

말복, 그리고 피자

어느덧 말복이다. '맴맴' 매미소리를 들으며 한가롭게 부채질이나 하고 있는 나를 친구들이 가만 놔두질 않는다. 어찌 복날을 그냥 넘길 수 있느냐는 것이다. 그러지 않아도 계절의 별미를 찾아 식도락을 즐기자고 약속했던 참인데 오늘 모이면 조용히 넘어갈 것 같지 않다. 느티나무 아래 평상에 앉아 매미젤라 소리를 들어가며 제대로 한판 벌이자고 한다.

복날의 복달임! 그건 조선시대부터 내려온 전통 식습관으로 말할 나위 없이 개고기를 포식하는 날이다. 요즘 와서 혐오식품이니 뭐니 해서 기피하는 낌새가 두드러지지만 그래도 복날의 보양식은 역시 웃통을 벗어젖히고 부채질 해가며 즐기는 그 맛이 제 맛이라고 식도락가들은 목소리의 톤을 높인다.

이쯤에서 이실직고하자면 나도 한때는 보신탕 애호가 반열에 들었다. 다른 건 다 봐줘도 어릴 적 입맛은 못 바꾼다고 시골에서 자랄 때 개고기를 먹어 버릇해 왔다. 다른 아이들에 비해 허약했던 나는 걸핏하면 고뿔에 걸리고 목에 가래톳이 서서 이만저만 고생이 아니었는데 이른바 부실한 아이들이 잘 앓는 편도선염이었다.

목구멍이 벌겋게 부어 뭘 넘기기도 어렵고 고열과 두통으로 나 자신은 물론이고 가족들의 애를 무척이나 태웠다. 그럴 때마다 할머니는 십리가 넘는 장터로 가서 힘들게 개고기를 구해 와서 밤새도록 푹 고았단다. 이튿날 그 뜨끈한 국물로 목을 지지고 살점 몇 점을 넘기고 나면 언제 그랬느냐는 식으로 힘이 나서 또 다시 냇가로 뒷산으로 뛰어다니며 온 우주를 품으려고 설쳤다는 것이다.

그것은 '할머니 표' 명약 중 명약인 치료제일 뿐이지 소위 말하는 멍멍이 탕이 아니었다. 이 나이까지 그럭저럭 살아남은 것은 조상의 은공도 크지만 자기 육신을 나에게 육보시肉布施한 견공의 은덕이 아닌가 하는 생각을 하게 되니 절로 웃음이 나온다.

가난했던 시절, 선인들은 부족한 단백질을 개고기로 보충했다고 한다. 비단 농촌에서 뿐 아니라 성균관에서도 복날이면 유생들에게 특식으로 끓여줬다는 것이다. 신분의 고하를 불문하고 허약한 몸을 추슬렀던 이른바 국민 보양식품이 아니었나 싶다.

개고기가 어때서? 라고 할 때도 있었다. 하지만 혐오식품이란 걸 구태여 먹어야 할 것인지 이제는 진지하게 생각해 봐야겠다는 생각이 들었다. 물론 한달음에 오랜 식성을 바꾸기는 어려워도 내년 복날부터라도 친구들을 독려하여 또 다른 보양식을 개발해 보자고 다짐해 본다. 이를테면 초복에는 스파게티, 중복에는 카레라이스, 그리고 말복에는 피자를 배달시키자고 말이다.

마라톤 용어에 데드 포인트dead point라는 말이 있다. 42.195km 전 코스를 완주하는 과정에서 너무 힘들어 포기해 버릴까 하는 시점이 데드 포인트다. 그 한계 지점에 이르면 더 이상 달릴 수 없는 고통과 위기감이 엄습하는데 그 지점을 통과하기만 하면 다시 힘이 생기면서 종래에는 목표지점에 골인할 수 있다고 한다.

개고기 애호가인 나도 어느 날을 기점으로 해서 생각을 바꿀 수 있다. 예전은 예전이고 데드 포인트를 무난히 넘기기만 하면 보신탕과는 과감히 결별을 고할 수 있다. 사실 전통 식품이라곤 하지만 왜 말 많고 구설수 많은 개고기를 굳이 먹어야 하는가. 지금은 맛좋은 영양식이 얼마나 많은가. 사방에 넘치는 것이 고기요 천 원짜리 몇 장이면 큼직한 오리나 닭을 통째로 살 수 있는 세상인데 말이다.

오늘은 말복! 지독한 무더위도 슬슬 물러날 때가 되었기에 인생도 계절 따라 그렇게 흘러가는 것이 아닐까. 옛말에 말복이 지나고 처서 무렵이면 모기란 놈도 주둥이가 삐뚤어진다고 했다.

그처럼 유전流轉하는 세월 앞에 개고기니 뭐니 해가며 입 치사에만 공을 들일 게 아니다.

고정된 묵은 생각을 버리는 차원에서 우선 젊은이들이 즐겨먹는 피자라도 한판 주문하여 느티나무 그늘 아래로 배달시킨다면, 그것으로 우정을 다지는 복달임은 충분하다. 그도 부족하면 수박이라도 한 덩어리 흐르는 물에 담가 놓고 쏜살같이 흘러가는 인생의 의미를 함께 음미해 보는 것이 어떨까 싶기도 한 계절이 아닌가.

팔가조八哥鳥

어느 겨울날 아침이었습니다. 모처럼 고향 어머니에게 다니러 와 자고 일어나니 외풍이 방안으로 기어든 탓에 윗목의 자리끼가 얼어버리고 전신이 다 얼얼하더군요. 냉기가 도는 방안에서 어정거릴 필요가 없다는 생각이 들어 뒷동산을 향해 집을 나섰습니다.

뒷산을 오르려면 물안개가 이는 저수지 둑을 지나야 합니다. 물오리 몇 마리가 살 어름 낀 수면에 떠 있는 모습이 애잔합니다. 겨울을 보내기 위해 무리들은 떠나가고 어쩌다가 대열에서 낙오된 어미가 고독하게 지내는 신세는 아닌지? 마치 8남매를 객지로 떠나보내고 고향집을 홀로 지키는 등 굽은 91세 어머니와 닮았습니다.

한 십분은 올랐을까요. 굵직굵직한 돌이 널브러진 지점에 이르러 맨손체조나 해볼까 하고 멈췄습니다. 해 뜨기 전이라 코끝이 시렸지만 웃통을 벗어 상수리 가지에 걸고 허리와 두 팔을 크게 휫바퀴 돌렸습니다. 그길로 한참을 더 오르니 오목한 새집이 가지에 걸린 것이 눈에 띄었습니다. 알을 낳고 새끼를 기른 흔적이 참으로 정겨운데 그들은 어디론가 떠나버리고 빈 둥지만 남았습니다. 비록 날짐승이라 하더라도 자라던 어미 품을 떠나가고 다시 왔다가 또 헤어지고 하는 회자정리會者定離의 슬픔 같은 것, 그런 아쉬움을 진하게 느끼게 합니다.

문득 말로만 듣던 팔가조八哥鳥가 튼 둥지는 아닐까. 어미로부터 먹이를 얻어먹고 자란 새끼는 그 은혜에 보답하려고 어미에게 물어다 준다는 반포지효反哺之孝라는 말이 생각났습니다. 한 마리의 날짐승으로 하여금 고향을 지키는 노모를 어떻게 봉양할 것인가에 대해 반성하게 하는 순간입니다.

평소 내가 어머니를 찾아갈 적마다 효도란 효도는 혼자 다하는 것 같이 부산을 떨었습니다. 그런데 이번에는 공교롭게도 아내가 무슨 급한 사정이 생겨 부득불 나 혼자 불쑥 해질녘이 되어서야 대문을 들어섰던 것입니다. 짝지어 다니던 것들이 외톨이라면 반가움보다 또 다른 걱정을 하게 된다지요.

뿐이겠습니까. 어머니 방 모든 물건이라면 쓰던 그대로 제자리에 두어야 합니다. 오래된 가재도구나 옷가지가 빛이 바랬다고 함부로 재활용 통에 넣는다면 불효나 같다고 합니다. 얼마 전에는 LED-TV로 갈아드리고 아침저녁 새로운 세상과 동무하시라고 사용방법을 설명해드리고 돌아왔습니다. 최첨단 제품일지라도 노모의 손에 익숙하지 못하면 차라리 전에 쓰던 것을 찾게 되어 비싸거나 새것만이 효도의 전부가 아니라는 것을 이제야 깨닫습니다.

그도 그럴 것이 어쩌다가 실수하여 고정시켜 둔 채널을 놓쳐 버렸답니다. 얇은 비닐로 돌돌 감아 논 리모컨으로 9번도 눌려보고 7번도 눌려보았지만 원하는 화면은 오리무중이고, 여성 속옷 선전이나 턱도 아닌 암보험에 가입하라는 광고가 며칠씩 계속되었답니다. 낮에는 동네사람들이 들에 나갔고 60세 이하는 한사람도 없는 시골동네인지라 한 나절을 대문 앞에서 기다린 보람이 있어 지나가는 젊은 택배기사를 간신히 불러들여 보고 싶은 프로를 볼 수 있게 되었다나요.

이런 것만 보아도 노인들은 새것을 좋아하지 않겠더군요. 뿐만 아니고 효도란 돈으로 다 할 수 없다는 것도 한 번 더 확인합니다. 이래저래 내가 팔가조같은 효자인줄 알았는데 어미 품을 떠난 자식이기에 지나가는 택배기사보다 못하다는 것을 알게 되어 부끄럽기 그지없습니다.

어머니가 아침식사를 준비하는 동안 뒷동산을 오르면서 날짐승 둥지를 보고 느낀 점이 많아 무슨 득도의 과정을 수련하는 것 같습니다. 어릴 적 이곳 자연 속에서 천진무구하게 뛰놀았는데 그때의 야성을 깡그리 잃어버렸기 때문인지 그렇게 건강하던 자연아自然兒가 창백한 낯빛으로 변하고 말았지요. 콘크리트 빌딩 속에서 끊임없이 호주머니만 불리는 일에 골몰하다보니 허약한 인간으로 변해버린 것이 오늘의 저입니다.

내려오는 길은 땀이 배어 그런지 시야가 밝았습니다. 어머니가 구석구석 감춰 둔 플라스틱 빈 물병, 비닐봉지, 쇼핑백 같은 것은 내가 보아 쓰레기에 불과한데도 언제라도 쓰임새가 있는 요긴한 것이라나요. 오늘 아침 등산길에서 함부로 손대지 말고 제자리에 두어야 한다는 다짐도 했습니다.

내 마음대로 판정하고 노모의 입장을 무시한 채 쓰레기통에 내다버렸던 불효! 거기에다 등 굽은 어머니가 해주는 아침밥까지 얻어먹는다면 저 팔가조가 내려다보고 얼마나 비웃으랴 싶었던 어느 겨울 아침이었습니다.

내 방안의 모든 것

원고 청탁을 받았다. 이번 주제는 '내 방안의 모든 것' 이라고 잡지사가 정해주면서 꼼짝 못하게 만들어 버렸기에 서둘지 않을 수 없었다. 주제가 좀 색다르다는 생각이 들었지만 내 몫의 지면을 빈칸으로 두어서야 되겠는가하는 도전정신이 번쩍 들어 방안을 이리저리 살펴보았다.

그러자 번개 같은 생각이 스친다. 책상 옆 벽면에 테이프로 붙여 둔 A4 한 장이 눈에 들어왔다. 아무 글자도 쓰지 않은 흰 종이다. 그런 백지를 떡하니 벽에 붙여두었으니 나도 어찌된 사람이라 하겠다. 그게 아니라도 우리 집 다른 방에서는 웃지 못할 장면이 연출되고 있는데 말이다.

말하자면 거실 바닥은 그야말로 진풍경이다. 주인이 앉아야 할 자리에 이런 저런 과일 껍질하며 채소를 다듬고 남은 나물쓰레기들이 광주리에 담겨 청량한 햇살을 받으며 낮잠을 즐기고 있다. 어느 동네라도 그렇겠지만 아파트 단지에서는 요즘 음식쓰레기를 버릴 때 종량제 카드를 쓰고 있다고 한다. 주부들이 조금이라도 양을 줄여보려고 안간힘을 쓰다 보니 쓰레기 버리기를 황금 버리듯 망설이는 모양이다.

어느 날 내가 책상 앞에서 컴퓨터 전원을 끄고 돌아서는데 벽에 붙은 백지 한 장이 잘 다녀오라며 씩 웃었다. 생명력이 없는 종이가 무언가 말을 걸어오는 것 같기도 하고 방안의 정적을 한 움큼 모아 벽을 타고 뒤를 따라 나서는 것도 같았다. 백지라는 것은 말 그대로 텅 비어있다. 뒤쪽 또 다른 면에는 볼펜이나 연필로 굵직굵직하게 내 성격대로 적어 한 면 가득 채운 메모가 붙여져 있다.

그것은 최근 내가 앓았던 병력을 기록한 건강기록표인지라 몸 상태를 소상히 대변해 준다. 자세히 들여다보면 어쩌고저쩌고 변명할 여지가 없다. 치과 검진에다 폐렴 예방주사는 물론이고 시력검사 다녀온 날이며 황사로 인해 가벼운 기침을 계속했던 소소한 것을 적은 병력일지病歷日誌라 그렇다.

그렇게 한 장의 백지가 가득 차자 그 위에 새로 붙인 것이다. 앞으로 어떤 병을 앓게 되면 날짜별로 빈 공간이 채워질 참이었는데 근 한 해 동안이나 백지 그대로 매달려 있다. 그럭저럭 건강

했다는 증거가 아니겠는가.

얼마 전 강원도 쪽으로 여행을 한 적이 있다. 동네 주민들이 제설작업에 안간힘을 쓰는 동안 그들 시선을 피해 순백의 눈길을 걸으면서 한없이 환호했었다. 시야에 펼쳐진 흰색은 그야말로 아무런 채색이 없어 세상의 고요와 마음의 안정을 만끽할 수가 있었다. 그 순수한 청정함이라니! 사람의 마음도 바야흐로 그와 같아야 하지 않을까. 서재 벽에 붙여둔 백지 역시 그냥 백지 한 장으로 보이지 않고 깊은 산골의 백설처럼 순수하다는 생각이 들어 바라보는 시간이 길어졌던 것이다.

내 방안에는 값진 물건이 없다. 그저 문우들이 보내준 귀한 저서를 가지런히 정리하여 둔 책장의 책들이 재산이라면 재산이다. 무슨 트로피라든지 진열용 양주병이니 하는 잡동사니를 싹 갖다 버린 지가 오래이다. 훤해지고 싶은 마음 때문에 벽에 붙은 백지가 더 의미심장하게 다가온다.

하지만 그런 내 마음을 세상이 몰라준다. 한솥밥 먹는 아내마저 왜 벽에다 구질구질하게 종이를 붙여놨느냐며 지청구다. 거실에서 과일 껍질 말리는 광주리를 다른 데로 치운다면 내 방에 달린 종이도 떼 내겠다며 짐짓 간 큰 남자행세를 해 본다. 이렇듯 우리 부부는 사소한 사건으로 가끔 대립상태가 되어 깨소금 아닌 깨소금을 친다.

조선시대 보백당寶白堂 김계행金係行 선생이 낙향해서 고향 묵계默溪

에 머물 때 일이라고 한다. "내 집엔 보물이 없고, 있다면 오직 청백뿐이다." 라고 했던 명언이 요즘 들어 자주 생각이 난다. 나야 그분처럼 사대부 벼슬을 한 적도 없지만 내 방에 보물이 있다면 휑한 빈 공간에 달려있는 백지 한 장이라면 말이 되는지. 그 백지처럼 내 마음도 순수를 닮고 싶다고 하면 그것도 말이 될까.

그저 건강상태를 알아보려고 벽면에 붙여두었던 백지 한 장! 진리는 생각밖에 있는 것이 아니라 생각 나름이구나 싶었다. 내 마음도 세상을 다하는 날까지 순백무구純白無垢할 수 있다면 좋으련만. 대롱대롱 매달려 어설프고 불안해 보이지만 평소 내 건강상태를 확실히 말해주고 있으니 그것 또한 내 방안의 모든 것이 아닌가. 나는 그런 생각을 해본다.

제2부

돌고 도는 것

날고 싶어요

경상북도 군위군에 있는 낡은 절이 인각사麟角寺였다. 보각국사 일연一然이 삼국유사를 집필했다는 조그마한 절인데 법당 뒤편의 보각국사 비를 보고 안타까움을 금할 수가 없었다. 어찌나 낡고 마모가 심한지 마치 깨진 자연석을 가져다 비석을 세워둔 듯 초라해 보였다.

저토록 낡아버리다니. 천년만년 오랜 세월 견디라는 염원으로 만들어 세운 것이 돌비석이 아닌가. 세월의 무상을 새삼 절감케 한다. 알고 보니 풍화작용에 의한 자연 마모가 아니라 사람들이 하도 탁본을 떠가는 통에 망가진 인재라고 했다. 세상 사람들이 너무하다 싶었다.

그 비문을 지은 사람은 당대의 명문장가인 민 지閔漬이고 글씨는 만고명필인 왕희지王羲之의 유필을 집자集字한 것이란다. 말하자면 멀리 중국에 사람을 보내 왕희지가 남긴 글씨를 모아다 새긴 것이다. 그렇듯 명문장가의 글에다 명필로 새긴 비석이니 얼마나 대단한가.

급기야 인각사 비문을 가지고 있으면 과거에 급제한다는 소문이 나도는 통에 사람들이 다퉈가며 탁본을 떠갔다는 것이다. 너도 나도 비석에 먹칠을 하고 빗자루로 두들기고… 돌 아니라 쇠붙이라도 망가지지 않을 수 없었으리라. 그 당시만 해도 글 잘 짓고 붓글씨 잘 쓰면 그 자체가 존경의 대상이었으니 알만한 일이다. 그러고 보면 세상 사람이 명문장과 명필에 매혹되어 날고 싶은 마음은 그때나 지금이나 다 같았다는 뜻이 아닌가.

예로부터 신언서판이라 했다. 얼굴 잘 생기고 말 잘하고 글씨 잘 쓰면 그가 곧 군자로 치부됐다. 서양에서도 "글은 곧 사람이다."라고 했으니 글씨 잘 쓰는 사람을 존경하기는 동서양이 별반 다름이 없었던 것 같다.

불행하게도 나는 일찍부터 글씨를 못 쓰는 사람으로 이름 나 있다. 글씨에 재물이 따른다면 사흘에 피죽 한 그릇 얻어먹기도 힘이 든다는 평가를 받을 만했다. 내가 초등학교에 입학할 당시 증조부로부터 한문을 배우면서 붓 쥐는 법도 함께 익히기도 했지만 붓글씨는 고사하고 연필 글씨조차 지렁이 기어가는 꼴이었다.

그런데 내 조상들은 명필은 아니었지만 대대로 시골선비의 앞가림은 했고 아버지께서도 면사무소 서기로 한동안 근무하면서 펜글씨며 붓글씨에 능해 인근 동네의 비석 글을 써주고 톡톡히 칭찬을 받는 것을 보았다. 그런걸 보면 나도 남에게 뒤지지 않을 글재주를 물려받은 것 같기도 하지만 갈고 닦질 않은 탓에 잠재적 능력을 드러내지 못한 것이라고 변명하고 싶다.

그런데 아버지 친구들은 달랐다. 모이기만 하면 자식 자랑이 대단한 모양이어서 이름난 교수, 글씨를 잘 쓰는 교장, 거기다가 무슨무슨 박사를 두었다고들 한다. 나처럼 반항아 기질만 다분한 자식을 둔 내 아버지로서는 미상불 부럽기 짝이 없었을 것이다.

나는 고향에 갈 때마다 사랑방에서 아버지와 함께 잠을 잤다. 새벽녘이면 나를 깨워 세상에는 노력하면 안 되는 일이 없다고 은근히 채찍질하셨다. 더구나 글씨는 인격이라며 필적에 대해 말씀하실 때는 듣기 싫어 자는 척하며 아무 말도 하지 않았다. 하지만 인각사 비문을 탁본이라도 해보라는 뜻은 아니었던지 모르겠다.

내 아버지 가신 지 어언 8년, 머나 먼 곳 명부冥府에 계실 혼령께 이제는 편안히 쉬시라고 말씀드리고 싶다. 이제껏 글씨 잘 쓰는 사람은 못 되었지만 글씨를 잘 써서 대중으로부터 부러움을 사고 싶었던 마음은 변함이 없다고 말이다. 이제 이 세상에 안계시지만 그런 나를 아버지도 십분 이해하시리라 믿는다.

그리고 명필 같은 글쟁이가 되어 훨훨 날았으면 더 좋겠지만 수필집을 다섯 권이나 내었으니 그 또한 아무나 이룰 일인가. 그렇게 아버지는 저승에서 친구들에게 자식 자랑 하실 것 같다.

국자를 씻으며

의사선생의 강의를 들었다. 그런데 처음에는 그저 그러려니 하고 귀를 기울였지만 시간이 지날수록 명의의 입담에 빠져들고 말았다. 평범한 일상의 이야기라도 얘기하는 사람의 재치에 따라 감흥이 증감되는 것 같았다.

강의 내용이 흥미로웠다. 배달해 주는 우유를 가만히 앉아 받아 마시는 사람이 건강한가, 정신없이 뛰어다니는 아주머니가 건강한 삶을 사는가, 라는 것이 그날의 주제였다. 수동적인 삶보다 적극적인 생활을 해야 건강해진다는 내용에 시간 가는 줄 몰랐다.

그 얼마 후 두어 달 가량 기러기 아빠 신세가 된 적이 있다. 며느리의 해산바라지하러 아내는 미국으로 떠나고 홀아비 아닌 홀아비 신세가 된 때문이다. 우리 집 전통은 어떤 가문 못지않게 한 집안의 가장이라면 부엌으로 들어가는 것을 금지시켰던 것이 불문율이었다.

그러자니 평소에는 아내가 차려주는 음식 아니면 끼니를 거를 수밖에 없었다. 냉수 한 모금이라도 주부의 손을 빌려야 했으니 부엌일이란 더더욱 캄캄할 수밖에 없었다. 그런 연유로 점수를 얻지 못하던 차에 식사를 내 손으로 해결해야 하는 신세로 전락한 것이다. 다행히 전기밥솥이라든지 반찬 데우는 조리 기구 사용법을 아내가 출국하기 전에 대강 익혀두었기에 약간의 도움은 되긴 했다. 그래도 어둔하기는 매한가지였다.

옛말에 내리사랑이라 했다. 주부가 며느리 미역국 끓여주러 떠났으니 망정이지 다른 일로 집을 비웠다면 화를 버럭버럭 내며 굶는 것을 밥 먹듯 할 위인이 바로 내가 아닌가. 이번 기회에 여자들만이 부엌일을 해야한다는 생각을 다 허물게 된 것은 손자를 얻는다는 기쁨이 그만큼 컸기 때문이었다.

아내가 출국하고 며칠이 지났다. 미리 냉장고에 준비해 둔 음식물을 덜어서 먹는 것쯤은 식은 죽 먹기다. 물걸레로 마룻바닥을 훔치는 독신 생활에 차츰 숙달이 되고 보니 소위 '안동양반'이라 자처하던 체면도 점차 사라짐을 알게 되었다. 환경이 사람을 지배한다더니 아마 나를 두고 하는 말이 아닌가 싶어 피식 웃음이 나왔다.

정작 애로는 따로 있었다. 바로 설거지였다. 끼니를 해결하는 일에는 별로 불편함이 없었지만 빈 그릇을 제자리로 돌리는 작업을 하려고 고무장갑을 끼는 순간부터가 문제였다. 음식을 조리하는 일보다는 뒤치다꺼리하기가 번거롭다고 하더니 체험해보니 사실이었다. 주부들이 허구한 날 물에 손을 담그는 일을 되풀이하다 보면 스트레스가 쌓일 만했다. 평생토록 군말 없이 해온 아내가 새삼 고맙다는 생각이 들었다.

접시나 대접 같은 식기종류보다 손잡이가 달린 주방기구를 더 깨끗하게 씻어야 한다. 국자나 수저로 음식물을 뜨는 쪽보다 손 닿는 부분이 더 오염됐을 테니 깨끗이 씻어야 되겠다며 내 딴엔 '뽀도독 뽀도독' 소리가 나도록 문지르고 여러 번 헹궈 식기 건조기에 넣었다.

혹시라도 손에 몹쓸 세균 같은 것이 묻은 것을 모른 체 음식을 데우고 조리했다면 어쩔 뻔했던가. 평소 남자 영역이 아니라고 홀대했던 설거지, 하찮게 여겼던 부엌일들이 참으로 힘들구나 싶었다. 주부의 자리가 이렇게 컸던가 하고 허리를 좌우로 돌려보았지만 뻐근하기는 마찬가지다.

한동안 부엌을 부지런히 들락거리다 보니 아내의 비밀창고인 싱크대 수납장을 우연히 열어보게 되었다. 진작부터 그 존재조차 알지 못했는데 깊숙한 그 속에는 의외로 손잡이가 달린 주방기구가 많았다. 국자나 수저뿐만이 아니고 평소 접하지 못한 이상하게 생긴 조리 기구들이 눈에 띄었다.

끝이 뭉툭한 식칼하며 꽃무늬가 이국적이면서 손잡이는 대나무로 된 주전자도 있었다. 또 겉보기에는 가벼워 보이는데 들어보니 꽤나 묵직한 프라이팬을 비롯해서… 이런 저런 주방기구들의 용도는 대체 무엇일까. 이리저리 살펴보다 제자리에 도로 넣고 문을 닫았다. 언제 장만한 것들인지 아내의 살뜰함이 그제야 알게 되었다.

그 주방기구들을 내려다보니 주부의 애환이 서린 듯 왠지 애틋한 생각이 들었다. 생활비를 넉넉하게 못준 내 형편인데도 두 아이의 어미로서 한푼 두푼 쪼개가며 살림해 온 지난 세월이 그 속에 오롯이 담겨 있었다.

문득 지난번 의사의 강의가 떠올랐다. 우유나 야쿠르트 배달하는 아주머니가 더 건강하다는 말이 잊혀지지 않는다. 그렇다면 아내가 해주는 밥을 앉아서 받아먹는 나보다 밥하고 설거지하고 빨래하느라 바쁘게 뛰는 아내가 더 건강해야 할 텐데 싶어진다.

빈말이 아니라 이번 기회에 직접 체험해 본 설거지는 머리 깎고 산에 가서 도를 깨치는 일과 비슷했다면 망발일까. 이 세상 남편들에게 모름지기 설거지를 한번 해보라고 권유하면서 국자 손잡이까지 깨끗하게 씻는 자체가 도를 닦는 일이 아니었던가 하고 생각해 본다.

사랑으로

하루는 우체국에 볼일이 있어 네거리를 건너가다가 황당한 일을 목격하게 되었다. 작은 오토바이를 타고 다니며 퀵서비스를 하는 청년과 교통순경 사이에 멱살잡이를 하는 것을 보았기 때문이다. 그것도 정복을 입은 경찰관 두 명이 한 조로 근무하면서 교통법규를 위반한 범법자 한 사람에게 당한 것이다. 어쩌다가 공권력이 이 지경에 이르렀는가 싶었다.

문득 조선시대 이야기가 떠올랐다. 정조 때 연암 박지원이 쓴 ≪호질虎叱≫이란 소설은 요즘처럼 우리사회의 기초질서가 무너져 갈 때 한 번쯤 되새겨 봐야 할 내용을 담고 있어 기억에 남았다. 그 소설은 호랑이를 주인공으로 등장시켜 이중적이고 허위적인 세태를 통렬하게 비판하고 있다. 연암선생은 먼 훗날 그런 시대가 올 것을 예견하고 쓴 것 같아 놀랍기만 하다. 특히나 공권력이 땅에 떨어져 법질서가 극도로 문란해진 요즘 우리에게 던져주는 충격이 커서 생동감이 더했다.

순경도 뒷감당이 버거운 듯 쩔쩔 매고 있었으니 참으로 안타까운 장면이었다. 도무지 이게 무슨 꼴인가. 벌건 대낮에 그런 한심한 일이 벌어지고 있는데도 행인들은 그저 구경만 하고 있었고 나도 들판의 허수아비 꼴이 되고 말았다. 그들이 옥신각신하는 틈에 급기야 한 경찰관의 모자가 땅바닥으로 떨어지며 나뒹굴었다.

환청이라고 했던가. 실제로는 아무소리도 안 나는데 땅바닥에 모자가 닿는 순간 "우르르 쾅! 쾅!" 천둥치는 소리가 들렸다. 사람이 어이가 없을 때나 어떤 충격을 받으면 실신을 할 수도 있다고 했다. 그때부터 내 가슴에 펄떡 거리는 병이 생긴 모양이다.

사람들에게는 사랑이라는 아름다운 인자가 존재한다고 했다. 보석보다 더 아름다운 사랑 말이다. 어떤 사물이나 자연을 바라보고 아름다움을 느낀다면 그 안에는 반드시 사랑이 깃들어 있다고 하며 무심결에 말하는 사랑도, 행동으로 보여주는 사랑도 다 아름답다고 한다.

이렇게 사랑과 아름다움은 늘 함께 하는데 미움이나 갈등, 그리고 편견이 그 틈새를 파고 들어온다. 그날 대로변에서 목격했던 그 세 사람도 행동이 생각을 따라 주지 못해서가 아닌가 싶었다. 우리가 이 사회를 아름답게 가꾸어 나가려면 사랑으로 감싸안아야 하는데도 말이다.

그렇다. 민주주의 국가에서는 당연이 법이 존재한다. 더구나 경찰관 모자라면 절대자의 무엇처럼 생각되어야 하는데도 마치 한 잎 낙엽처럼 아스팔트 위로 떨어졌으니 단순한 구경꺼리의 도를 넘어서 법질서가 무너지는 충격으로 안절부절못했던 것이다.

교통법규를 위반한 퀵서비스 기사도 할 말은 있지 싶다. 순간적으로 치밀어 오르는 화를 참지 못했을 뿐이지 평소에는 저 깊은 내면에 사랑이 내재되어 있는데도 단지 사랑을 풀어내지 못했을 뿐일 것이다. 우리 인간은 고등동물임을 자처하면서도 이런 면에서는 무디어질 수밖에 없는 나약한 존재라고 하지 않던가.

박지원의 소설 ≪호질≫은 호랑이가 사람을 꾸짖는다는 뜻에서 '호질'이다. 소설 속의 주인공 호랑이는 가식적 행동을 지적하고 범법자를 질타했는데 요즘 세상과 잘 비교된다. 그 소설 속의 호랑이가 지금 우리 현실사회에 나타나서 그저 꾸짖는 정도로는 안 되고 무서운 송곳니를 세우고 크게 포효한다면 범법자가 줄어들지 않을까 생각해 본다.

그날, 교통경찰관 모자가 땅에 떨어질 때 울렁거렸던 내 가슴이 아직도 쿵덕거리고 있다. 하지만 온 세상이 아름다운 사랑으로 꽃 피운다면 금방 진정되지 않을까. 그러면 호랑이의 '어흠!' 소리도 사라지고 꽃보다 더 아름다운 사랑이 온 세상에 피어나리라.

자갈치 시장

가을은 축제의 계절이다. 유달리 높푸른 하늘, 영도다리 근처 바닷물은 불루보다 더 짙은 소리를 지른다. 그야말로 블루블랙이라고 표현해도 좋을 가을날에 각설이 타령에다 불꽃놀이 축포가 터지고… 부산의 이미지를 고스란히 지닌 대표 축제인 '자갈치 축제', 볼거리 먹을거리가 풍성해서 마냥 신나는 한마당 잔치에 뛰어들었다. "오이소, 사이소, 가이소" 하는 상인들 외침에다 "이거 얼만교?"하는 소리 소리들이 시끌벅적하다.

"오이소." 이날의 주인공인 자갈치 아지매들의 걸걸한 목소리에다 각처에서 장보러 온 고객들로 시장바닥은 마치 팔도사투리 경연장을 방불케 하여 삶의 열기를 느끼기에 충분하다. 그들이 축제장에서 어깨춤은 추고 있지만 현재에 안주하지 말고 믿을 만 하다는 시장으로 거듭나야 한다는 것을 아는지 모르겠다.

생선 횟집 수조水槽속의 물고기는 은빛 비늘을 번쩍이며 비싼 값에 팔리기를 기다리고 있다. 눈을 동그랗게 뜨고 입을 뻐끔뻐끔 대는 녀석은 넓은 바다로 도로 보내달라고 애원하지만 찾아온 손님들이 그냥 둘리 만무하다. 우리 인간도 우리 속에 갇히면 저런 꼴이겠지만 저네들도 한때는 넓은 바다 속을 힘차게 헤엄치며 대자유大自由를 만끽했겠지.

하지만 이제는 잡혀온 신세가 되었다. 한 치 앞을 내다볼 수 없는 운명에 처해 있어서 어쩔 수 없다. 그러나 인간이라 해서 크게 다를 것이 무얼까. 관습과 제도 따위의 보이지 않는 울안에 갇혀 사는 군상들 중 하나인 나를 보고 물고기들이 되레 동정할지도 모를 일이다.

"사이소." 축제장은 겉보기는 요란했다. 그러나 상인들의 이마에 골 깊은 주름만 보아도 불경기를 짊어지고 사는 것 같다. 골목마다 대형마트가 판을 치고 소문난 잔치에 먹을 것 없다는 푸념들이다. 이런 와중에 울며 겨자 먹기로 축제는 벌인다지만 그때 뿐이고 대개는 파리만 날릴 뿐이란다.

하지만 일상의 삶에 지칠 때 자갈치에 가보라고 했다. 과연 그

형상은 어떻게 비칠까. 핏기 없는 생활의 무력함을 일깨워주고 인간이 지닌 진실한 자세가 가장 낮은 곳에서 각양각색으로 벌어지고 있는 현장이 바로 이곳이란 것을 보여준다.

자갈치 축제는 더 많이 팔아보겠다는 홍보 전략이다. 그렇다면 고객마음을 사로잡을 만큼 감동적인 무엇이 있는가. 불신을 신뢰성으로 정착시키면서 정품에다 정량을 제공하는 투명한 장터 말이다. 막대한 예산으로 최신식 건물을 지어 진열장만 번듯했지 투자한 만큼 달라진 것은 무엇인가. 아무리 축제를 한다며 시끌벅적하지만 날아가 버린 신용을 주워 담는 날은 언제일까.

나도 여기서 낭패를 당한 적이 있다. 경기도 여주문인협회 회장 부부가 방문했을 때 자갈치시장 횟집으로 모시고 갔다가 바가지만 뒤집어 썼다. 귀한 손님 접대하려고 비싼 값을 치르고 퍼덕퍼덕하는 고급생선을 골랐는데 상인의 잔꾀에 속아 막상 요리상에는 저가의 생선회에다 그나마 양은 빈약했던 것이다. 자갈치 시장이라면 부산의 얼굴이라고 하는데 참으로 안타까웠다. 오늘의 자갈치 축제는 그야말로 바닥난 신용을 회복해 보자는 다짐으로 봐야겠지…. 이윽고 불꽃놀이가 끝나고 막바지에 이르렀을 때 싱싱한 비늘이 붙은 생선이라도 골라 가족들 입을 즐겁게 해볼 요량으로 기웃거린다. 그러자 저쪽 막다른 좌판에서 얼핏 눈에 띄는 게 있다.

“가이소.” 엄지손가락만한 바짝 마른 양미리가 두름에 묶여

나를 보고 피식 웃는다. 싱싱한 생선 천국에서 세상을 다 품을 것처럼 돌아다니다가 그것을 사들고 지하철역 계단을 내려가면서 내 꼴을 거울에 비춰보니 촌스러움이 주르르 흘러내렸다. 이게 내 삶의 한 단면이라며 비닐 봉투 속에 든 양미리가 그렇게 웃었지 싶다.

Bamboo

옛 사람들은 대나무를 사랑했다. 찬바람이 불고 코끝이 얼어도, 뙤약볕이거나 말거나 잎은 더 푸르러지는 매력에 이끌린 것이다. 대부분의 나무가 때가 되면 잎을 떨어뜨리고 움츠리지만 대나무는 사철을 가리지 않고 푸름을 유지하는 의젓한 특성으로 누구에게나 사랑을 받지 싶다.

덤불 속의 잡목처럼 아무렇게나 구부러지고 앙상해진다면 그를 찬양하는 명시나 명화가 이 세상에 존재하지도 않았을 것이다. 바람 부는 대로 이리저리 밀려가며 세상을 사는 무리들처럼 지조 없이 살지 말라고 가르치면서 하늘만 바라보고 자라는 것이 대나무이기에 진작부터 그 혼을 닮고 싶었다.

시골집 뒤뜰에 진죽眞竹이라는 참대가 자란다. 그야말로 삐쩍 마른 줄기인데도 굵은 마디나 큰 키를 부러워하지도 않고 제 팔자인양 스스로 만족하며 늘 미소 짓고 사는 것 같다. 풍성한 잎사귀가 달린 것이나 담양이나 태화강변에서 호사를 누리고 자라는 것에 비하면 궁핍하기 이를 데 없는 잎과 줄기가 힘든 삶을 대변하는 듯 볼품이 없지만 넉넉한 마음으로 살아가라며 늘 푸르다.

이른 봄, 죽순이 돋을 때도 그렇다. 아이 손가락만한 것이 성큼성큼 자라면 좋을 텐데 욕심 부리지 않고 사는 사람들을 닮았다고나 할까. 햇살 좋은 날 툇마루에 걸터앉아 낮 놀이로 비벼대는 댓잎 소리를 듣다보면 잊고 살았던 지난 일들이 하나 둘 떠오르곤 한다. 대는 무딘 감성과 집중력을 기르는데 필요한 영양소를 공급해주는 것 같다.

문득 옛 글에 나오는 죽계육일竹溪六逸의 우정을 생각해 본다. 중국 호북성 어느 동네에 격에 맞는 술친구가 대나무 밭에 모여 우정을 나누었다는 이야기다. 바로 이태백李太白 공소보孔巢父 한준韓準 배정裵政 장숙명張叔明 도면陶沔 등인데 한결같이 궁핍함을 술안주로 삼았다고 하니 그들의 우정과 꾸밈없는 삶을 본받고 싶어진다.

그들은 다들 말술을 마시고도 흥에 겨워 시를 짓고 대나무 그림을 그렸다지 않는가. 만약 그 시대의 풍류객과 교류할 수 있다면 우리 집 참대 밭이 대밭답지는 못하더라도 한 번 초빙하고 술 한상 근사하게 차려내어 시 한 수 청해 듣고 싶다.

그런데 지난여름부터 무리를 이탈해서 자라는 몇 포기를 베어내려니 미안하기 짝이 없었다. 한 해라도 솎아내지 않으면 녀석들의 횡포는 이만저만이 아니었다. 방구들이나 엉뚱한 곳으로 뿌리가 기어가는 걸 보면 살겠다는 의지나 번식력은 대단해 보였다. 그처럼 조상의 혼이 얽히고, 시인 묵객이 침이 마르도록 예찬했는데 주인에게 피해를 준다면 말이 되겠는가.

어쨌거나 무단 이탈자를 무딘 낫으로 어설프게 베어내다간 도리어 당할 수도 있다. 대나무 죽竹자에 걸맞게 강직한 특성이라 워낙 단단하다보니 아예 연장의 날을 시퍼렇게 세우지 않으면 얕보기 일쑤다. 간신히 베어 넘긴다 해도 그 길이가 찔뚝하지 못한지라 이리저리 옮기고 눕히기가 쉽지 않다.

가을이 오면 마른 줄기를 앞 냇가로 옮겨 낙엽과 함께 태워야 한다. 마디마디가 진공상태인지라 활활 타는 불속에서 '펑 펑'소리가 산골 동네를 시끄럽게 한다. 그래서인지 대나무를 의미하는 영문글자 뱀부Bamboo라는 단어도 폭죽소리에서 빌린 것이라고 하는 것만 보아도 순간적인 앙칼진 소리를 짐작할 만하지 않은가.

그런데 함부로 베어낼 수 없는 이유가 있다. 내 조상들은 강인함에다 번식력까지 좋다하기에 후손 번창을 꿈꾸며 대리만족을 느꼈던 것은 아닌지 모른다. 마지막으로 댓잎 향기를 마음껏 누릴 수 있는 것은 삶에 힘든 이들에게 희망을 준다고 했기 때문이다. 뒤뜰의 참대나무! 잘난 것이나 못생긴 것도 나를 향해 이리저리 일렁이고 있는데 어찌 함부로 솎아낸단 말인가.

구들을 고치며

가을이 깊어 간다. 어느새 첫서리가 내리더니 가을걷이를 도울 계절이 되었음을 알린다. 코끝에 스며드는 싸늘한 공기에 가을 단상은 여지없이 깨지고 겨울 채비에 신경을 쓰지 않으면 안 되게 되었다. 그런데 가을걷이보다 더 급한 일이 생겼다.

고향의 기와집은 80여 년 전에 증조부께서 방 두 개와 대청마루를 넣어 지으셨는데 그 중 큰방인 사랑방이 세월을 이기지 못하고 구들장이 내려앉아 버렸다. 무엇을 어떻게 시작해야 할지 며칠째 고향에 머물면서 갈피를 잡지 못하고 우왕좌왕하고 있었다.

조상들은 손으로 무엇을 만드는 장인정신이 뛰어났기에 내가 제대로 손재주를 물려받았다면 구들 고치는 일쯤은 못할 것도 없다. 그런데도 세상을 다 움켜잡으려고 욕심만 부리고 살아오다보니 이것도 아니요 저것도 아닌 반거들충이가 되어버렸다. 생전 해보지 않던 일을 해보려고 계획을 세우면서도 마음만 바쁠 뿐 정작 진도는 나가지 않았다. 요즘 선비 사± 자가 달린 고급직업은 일감을 얻기 위해 피나는 경쟁을 해야 생존경쟁에서 살아남는다고 한다. 하지만 검정을 얼굴에 묻히고 진흙을 이겨 구들을 고쳐주는 3D 업종에 속하는 한옥 수리공을 찾기란 하늘의 별따기 아닌가.

세상일에는 우선순위에다 장단점까지 있게 마련이다. 온돌이라고 해서 백 가지가 다 좋다는 건 아니다. 가만두면 무탈할 것 같지만 오래 비워두면 구들 밑에 습기가 차서 쉬 낡아버린다고 하는데 세상사 어디 하나라도 허투루 보아서 되겠는가. 손가락 하나로 춥고 덥고를 마음대로 조절하는 아파트 난방보다 온돌의 불편한 점은 말할 것도 없다.

우선 추위가 오기 전에 땔감부터 살펴야 한다. 지난 해 장만해 둔 툇마루 밑 장작을 꺼내어 아궁이 속으로 집어넣을 땐 예금통장에서 현금을 찾아 쓰는 재미가 이럴까 싶었다. 간혹 눈비라도 내릴 때 옷을 적셔가며 군불을 지펴야 하는데 미리 준비해 둔 땔감에 대한 고마움을 느낀다.

가끔 해운대 뒷산 등산길에 접어들면 널브러진 솔가지에 쓸데없는 욕심을 부린다. 행정관청에서 간벌을 한답시고 잘라낸 장작더미를 보고 지게에다 한 짐 지고 가겠다고 했더니 친구들은 촌놈이라고 놀리기도 했다. 그러나 구들을 가열할 때 얼마만큼의 땔감이 필요한지 온돌난방의 특성을 알만한 이들은 무모한 욕심이 아니라며 내 편을 들어주면서 마음껏 지고 가서 불을 때라고 하면서 웃었다.

돌이켜보면 사랑방이 내게 대물림 될 때 감격은 컸지만 사실은 어떤 기쁨에 비해 관리상의 걱정이 앞섰다. 기와집은 문짝이 많은지라 해진 문 바르기도 예삿일 아니고 삐걱거리는 돌쩌귀 소리가 근년에 와서 더 요란해진 것은 손 볼 곳이 많다는 것을 알려주는 신호였다.

이런 저런 생각에 잠겨있을 때 잠잠하던 91세 되신 어머니가 말문을 여셨다. 썩은 흙이 아닌 깨끗한 진흙, 그것을 채로 친 다음 볏짚을 잘게 썰어 물을 부어가며 맨발로 반나절을 발로 밟고 버무려야 한다는 경험담을 털어 놓으셨다. 그런 다음 고래를 만들고 자연석 구들장을 놓고 찰흙으로 곱게 마감해야 제대로 온돌방이 된다는 말씀이었다. 아차! 싶었다. 못난이 벽돌에다 시멘트 몇 부대 사다가 적당히 수리를 마치려했던 내가 철없었다는 걸 깨닫고는 문화재를 고치는 온돌 전문가를 수소문하게 되었다.

과거만을 보듬고 있는 시골집 구들 밑에 쌓였던 재를 퍼내고 구들장을 앉히던 날이었다. 할아버지의 기침소리가 방안에서 들려오는 것 같았다. 아랫목 상좌에는 웃어른이 앉아야 하고 반대 편에는 가족서열의 순서대로 앉는 온돌문화를 강조하시는 말씀이 귓가를 때리는 것이었다.

세상 모든 것은 낡고 허물어진다면 존재가치가 무로 돌아가기 마련이어서 세월의 흐름을 대비해야 한다. 내 손에 익숙하지 못해 얼굴에 검정 묻히는 일을 하면서도 옛것을 되돌아보면서 조상의 혼과 만난다는 설렘에다가 낡은 것이라도 버리지 않고 고쳐 쓴다는 생각으로 구들을 고치고 있다.

내 조상들은 아궁이에 군불을 지피시며 어떤 생각을 했을까? 단순히 방바닥이 따스하기만을 바라진 않았지 싶다. 아랫목이 따듯한 만큼 후손번창과 가족의 행복을 염원하면서 저 깊은 고래 속으로 땔감을 밀어 넣었을 것이다. 나는 굴뚝으로 피어오르는 연기를 바라보며 내 조상과 쉼 없는 대화를 나누고 있다.

돌고 도는 것

가끔 병원엘 간다. 몸속의 핏줄 어느 곳이 조금씩 막혀가며 순환기능이 노쇠해 간다는 것이다. 그동안 네댓 개의 알약을 처방받았는데 고명한 의사선생이 수고해 준 덕분인지 아니면 내가 스스로 열심히 운동을 한 덕분인지 여하튼 호전되어 하루 두 알씩만 복용하고 있으니 얼마나 다행인가.

그러고 보면 순환한다는 것은 막히지 않고 원활하게 돌아가는 우주의 법칙과 다름없다. 그래서 막힘이 없이 잘 돌아가면 아프질 않고 막히면 병이 된다는 말을 잊지 못한다. 하기야 지구라는 자전공전自轉公轉의 2중회전체二重回轉體속에서 사는 것이 인간이 아닌가.

아예 삶 자체가 빙글빙글 돌아가도록 숙명 지어진 것이란 생각이 든다. 돌고 도는 돈을 가장 애지중지하는 것도 그 때문이요 끝없는 윤회의 굴레 속에서 살다가 늙어서 저 세상으로 가는 것도 '돌아가셨다'고 표현하는걸 봐도 그렇다. 하여간 인간은 도는 것을 매우 중요하고 심각하게 생각한다.

며칠 전 고향집에서였다. 오랜만에 어머니를 뵈러갔는데 맏아들이 왔다고 닭곰탕을 끓여 주셨다. 이제는 휠대로 휜 허리에다 청력까지 온전치 못한 분이 손수 끓여주신 닭곰탕이니 어찌 그 맛이 예사로울 수가 있으리.

어머니는 마당가의 손바닥만 한 텃밭을 가꾸시며 닭 몇 마리를 동무삼아 길렀는데 그 중의 한 마리를 희생시킨 걸 내가 모를 리 없다. 모이를 주고 닭장 문을 여닫던 고마운 손길인데 제 목을 비틀 줄 녀석은 예측이나 했을까. 장독대 옆에 걸어 뒀던 조그만 무쇠 솥에 인삼약재를 앉힌 다음 어머니 표 정성까지 넣고 밤늦도록 지켜 앉아 끓이셨다.

이튿날 아침 나는 포식을 했다. 아무리 천하의 팔진미八珍味라 한들 그 맛에 비할 수는 없으리라. 보이지 않지만 무엇보다 크나큰 것이 어머니의 사랑이요 정성이란 것을 절감하는 순간이었다. 연방 닭고기를 뜯는 나를 흐뭇한 표정으로 지켜보다가 사발이 바닥을 드러낼라치면 얼른 국자로 진국을 다시 담아 주시곤 했다.

이럴 때 마당가에는 수탉 한 마리가 한 발은 들고 한 발로 서서 아침 내 어정댄다. 깨금발 자세로 방안에서 제 동료의 살점을 입에 넣고 우물거리는 모습을 염탐하고 있었다. 그때 어찌나 미안하던지.

그러나 문제는 파리란 놈들이다. 예의염치 없고 눈치코치도 없이 귀찮은 존재들이 아무데나 극성스럽게 달려들고 이것저것 찝쩍댄다. 어머니가 끓여주시는 구수한 닭곰탕 냄새에 회가 동한 것인지 마구 덤벼든다. 인자한 어머니도 참다못해 파리채를 들었다. 영공을 넘어 온 적기를 정조준 하듯이 "탁!" 하는 소리와 함께 보기 좋게 명중되어 바닥에 나뒹굴 때 파리채로 떠다가 열린 창문 너머 던져 버린다.

그 순간이었다. 마당에서 어정대던 수탉이 야구장의 외야수처럼 잽싸게 공을 받았다. 긴 다리에 비호같이 달려가 포물선을 그리며 날아오는 것을 부리를 채 벌리지도 않고 날름 받아 목구멍 속으로 넘겨 버리는 솜씨가 그야말로 전광석화다.

"히야!" 감탄하지 않을 수 없었다. 신속 정확한 그 멋진 자세라니! 세계최고 외야수 중에서 텍사스야구팀 추신수 선수도 그 같은 묘기를 보여주지는 못하리라. 놀라운 동작을 다시 보고 싶어서 파리채를 잡고 신중히 겨냥해서 날려 보았지만 보기 좋게 빗나가고 말았다. 원래 헛바퀴 굴리는 데는 선수여서 파리 몇 마리를 사냥한답시고 꽤나 진땀을 흘렸다.

어쨌거나 파리를 수탉이 받아먹고 또 닭고기를 내가 먹었다.

먹고 먹히는 먹이사슬에서 파리란 놈과 수탉은 어디쯤에 위치해 있는 걸까. 그리고 나란 존재는? 들쥐처럼 작은 동물은 독수리 같은 큰 짐승의 먹이가 되고 또 더 큰 짐승의 밥이 된다. 물속의 새우는 플랑크톤을 먹고 상어 같은 포식자는 물고기를 먹고 세상은 빙글빙글 끝없이 돌아간다.

결국 산다는 것은 도는 것, 바람개비처럼 빙글빙글 도는 것. 끝없이 회전하는 것이 삶이 아닐까. 먹고 먹히며 먹이 사슬도 돌고 돈도 돌고 업보도 인연도 돌아간다. 어차피 도는 인생, 내가 좀 재미없는 수필을 썼다 해도 "저 놈 돌았다"고 해도 이상할 것도 없다는 생각마저 든다.

세상이 눈 빠지게 돌아가니 윤회의 바퀴는 어디까지 굴러가는 것일까. 그 업의 고리에서 해탈을 찾는 길은 어디쯤에 있는 것일까. 이젠 나도 가끔 그런 생각을 골똘히 해 볼 때가 많아졌다.

여유

계절이 변할 때마다 가슴이 뜨거워진다. 옥색 하늘에 흘러가는 새털구름하며 여름내 위세를 자랑하던 나무들이 어느새 물러날 때라는 것을 아는 듯 울긋불긋 물들인 잎을 땅위로 내려놓는다. 철새들이 서녘하늘로 줄지어 날아가는 정겨운 모습을 보면 한결 마음이 여유로워진다.

나는 이럴 때일수록 근교 야산을 찾아 사색하는 시간이 잦아진다. 먼 곳으로 떠난다는 것은 무슨 오체투지 고행 순례를 나서는 것처럼 몸만 피곤하고 시간낭비가 아니겠는가. 하지만 가까운 산길, 이정표가 요란하지 않은 오솔길만 찾아도 많은 것을 얻을 수 있을 것 같은데 높은 산만 찾는 허세를 부리고 사는 것은 아닌지 모르겠다.

부산진구 양정동에 화지공원이 있다. 연제구, 동래구에 둘러 싸인 도시 복판의 명소인데 더러는 '정묘사'라고 부르는 곳이다. 이 길은 인근 주민들 외엔 찾는 이가 그리 많지 않아 등잔 밑이 어둡다는 말을 떠올리게 한다. 지난 번 예고 없이 함박눈이 내린 날에도 그랬지만 한 줄기 소나기 지나간 후라면 더할 나위 없이 맑고 아늑한 오솔길이다. 치열한 삶을 잠시 접어두고 걸어도 좋고 연인들의 데이트 코스로도 손색없지 싶다.

굳이 위치를 말해보라면 부산 지하철1호선 양정역에 내려 연지동으로 넘어가는 대로변에 동래정씨 시조선산東萊鄭氏 始祖先山이라고 새긴 비석을 시발점으로 정하면 될 듯 싶다. 여기서 사직운동장 쪽을 향해 홀가분한 마음으로 포근한 흙길을 따라 걷다보면 '화지산 정상 해발 199m' 라고 새긴 푯돌이 서 있는데 굳이 목돈 들여 제주도 올레길이나 지리산 둘레 길을 간단 말인가.

뭐니 뭐니 해도 이 길은 경사가 완만하고 호젓한 풍경에 흠뻑 빠져들 수 있어 좋다. 우선 공원길 초입으로 들어서면 화지華池라는 조그만 호수를 만나게 되는데 연잎 밑으로 흐르는 물이 그지없이 맑아 진작 이 코스를 몰랐던가, 하고 후회를 하게 된다.

연못가에는 구부러진 금강소나무 몇 그루 서 있다. 말로만 듣던 어느 명문가 시조묘소임을 금방 알게 한다. 묘소 바로 앞에는 천연기념물 제168호 '부산진 배롱나무' 가 수세를 자랑하며 "너 잘 왔노라" 하고 반겨주면서 세상의 역사를 다 이야기해 준다.

안내판에도 그랬지만 800여년의 그리움을 안은 두 그루 배롱나무를 만난다는 것이 이 산길 최고의 행운이지 싶다. 꽃과 잎이 피었을 땐 가슴에 꽃다발을 안고 이 세상을 다 휘어잡은 듯 만족하고, 겨울엔 부챗살처럼 쫙 펴진 수많은 가지가 애써 화려한 옷을 입을 필요가 없다는 것을 보여 주어 낙엽이 진 뒤에 이 길을 걷는 묘미가 바로 여기에 있다.

묘역을 벗어나 한발 한발 걸어 오르다 보면 벚나무 가지 사이로 올려다보는 파란 하늘이 정겹다. 잘 다듬어진 대가 집 정원을 거니는 것처럼 관상수며 자연석이 아기자기하다. 마음의 짐을 다 내려놓은 홀가분한 분위기에 취하다보면 고려시대 때부터 있었다는 '화지산영호암'이란 조그만 암자가 반기는데 부산시내에 이런 곳이 있었던가 싶어진다.

금정산 정기가 이곳으로 내려와 맥을 퍼부었다며 풍수지리 대가들이 극찬한 대한민국 4대 명산 중 하나라고 했다. 사람이 뒤로 비스듬히 누워 저 멀리 동해를 바라보는 형국인데 왼팔은 좌청룡, 오른 팔은 우백호의 호방한 기운이 금방이라도 몸속으로 서려오는 것 같다. 소외되고 좌절에 빠진 이들이 이 길을 걷게 된다면 어떤 희망도 다 가질 수 있으리라.

남에게 무얼 권해본 적이 없는 나지만 마땅히 나들이 갈 곳이 없는 날 한 번쯤 걸어 보며 여유를 부려보라고 권하고 싶다. 일화이지만 가수 나훈아는 소년시절에 이 산 아래서 자랐다고 하는데 틈만 나면 이곳에 와서 발성연습을 했다고 한다. 때문인지 가수로서 크게 성공한 걸 보아도 진리는 높은 산에 있는 것이 아니고 가까운 곳에 있다는 말을 믿어도 좋을 것 같다.

더구나 살아 천년 죽어 천년이라는 주목나무처럼 배롱나무의 장구한 영고성쇠가 어떤 삶인지를 체험할 수 있으니 몇 가지를 동시에 누릴 수 있는 곳이다.

도심 속에 감추어진 나지막한 산책길! 가까이 두고서도 높고 깊은 산에만 집착했던 나의 편견을 바로 잡아주는 곳. 화지공원은 비록 뒷동산 수준의 산길이었겠지만 지리산 천왕봉을 올랐던 그 이상의 소득을 안겨주는 여유로운 산책 코스라고 자부한다.

설해雪害

경주 남산은 참 아름다운 산이다. 그윽한 산길, 군데군데 자리 잡은 마애불상들, 한 폭의 동양화 속에 그려진 아담한 너럭바위에 내가 앉아 쉬는 것 같은 착각에 빠져든다. 봄은 봄대로 가을은 가을대로 계절에 상관없이 편안함을 안겨 주었는데 어느 날 신라 제55대 경애왕 왕릉 옆길을 산책하다가 그만 보지 못할 광경을 보게 되어 쿵덕거리는 가슴을 진정시킬 수가 없었다.

봄이라고 하지만 때 아닌 폭설이 내린 뒤라 왕릉 주위에 군락을 이룬 소나무는 눈의 무게를 이기지 못해 가지가 꺾이고 어떤 것은 통째 쓰러져 묘역에 나뒹굴었다. 저걸 어쩌나 싶었다. 천년 세월 비바람을 견디며 꿋꿋이 버텨온 신라 노송들이 이제 와서 맥없이 쓰러지다니 얼마나 허무한 일인가.

왕릉을 중심으로 한 부근 일대는 국립공원으로 지정되었다고 한다. 하지만 사람들이 개발을 핑계로 알게 모르게 중장비를 동원해서 길도 만들고 온갖 식당이 생기면서 공해를 유발하여 해코지를 했던 것은 아닌지. 견디다 못한 자연계가 인간에게 앙갚음 하는 것이 기상이변으로 나타난 것이 아닐까. 푸르고 싱싱하던 가지가 부러져 시체처럼 널브러진 현장을 보니 인간의 탐욕과 무절제로 인해 인내력이 질긴 소나무가 당하는구나 하는 생각이 들었다.

어느 스님이 쓴 '설해목'이란 글이 생각난다. 겨울철이면 나무들이 피해를 많이 입는다는 내용인데 모진 비바람에도 끄덕 않던 가지들이 꿋꿋하고 고집스럽기만 했는데 눈이 내려 덮이면 꺾이게 된다는 것이다. 정적이 가득한 깊은 밤에 이 골짝 저 골짝에서 나뭇가지 부러지는 소리가 들릴 때면 잠을 이룰 수가 없다는 것이다. 그렇게 겨울이 지나고 나면 수세가 좋은 나무일수록 중병을 앓은 사람처럼 수척하다고 했다.

다 같은 나무라고 해도 눈의 피해를 잘 이기는 것도 있다. 내 고향집 주위에 대추나무가 있는데 외형상으로 보면 잎이 청정한 소나무에 비할 바가 못 되지만 내가 진작부터 그 성질을 닮았으면 하고 은근히 사랑하는 나무다. 우선 가지가 삐쩍 말라 언제보아도 궁색하다. 하지만 매단 식구가 적으니 내린 눈쯤이야 그 자리에서 다 털어버리는데 내 고향집에 대한 상징적 의미를 품고 있다.

스스로 무거운 짐을 안배하여 이 세상을 살아가려면 어떻게 처신해야 하는가를 보여준다. 다른 과일나무들은 무엇이 그리 급한지 초봄부터 잎을 피우기 시작하다가 때 아닌 눈으로 낭패를 당하곤 한다. 하지만 대추나무는 봄의 마지막 절기인 곡우가 지나고서야 연한 속잎을 슬그머니 내미는 걸 보면 세상 이치를 다 품고 사는 나무가 아닌가 싶다.

그래도 못 미더운지 여름과일이 주먹만 해진다는 하지 무렵에야 꽃을 피우며 세상 밖을 살피는 눈치다. 어찌 보면 자연재해를 예방하는 습생은 인간의 지혜를 능가한다는 생각이 들어 유독 정감이 가는 나무라고 진작부터 점수를 후하게 주었던 터다.

이처럼 대추나무는 자생력이 여느 나무에 비해 늠름하다. 그런데 소나무 역시 노송이라 할지라도 사소한 기상이변이나 예기치 못한 혹한이 닥친다 해도 청정한 자태로 버티지 않던가. 그런 의젓한 모습을 보고 누구나 사랑하면서 어떤 재앙도 너끈하게 피할 수 있다고 믿었다.

사람들이 그림이나 시로, 침이 마르도록 예찬했던 경주 남산의 소나무들. 신라천년의 화려한 역사까지 전해주는 낙락장송들이 설해를 당해 신음하는 모습이라니! 저들을 두고 경주를 떠나 부산으로 돌아오는 고속도로 부근에 어제 내린 눈이 녹지 않고 쌓여 있었다.

비명에 세상 떠난 자를 문상하고 돌아오는 심정이 되어 내 마음은 천근만근 짓눌리고 있었다. 그처럼 무거운 마음 때문인지 운전하던 자동차의 속도가 제자리걸음이나 다름없었다.

어거지

지진은 참으로 무서웠다. 일본 동북지방 원자력 발전소가 순식간에 무너졌다. 방사능이 흘러나오는 엄청난 대자연의 위력 앞에 인간의 초라한 존재를 다시 한 번 실감하는 순간이었다고나 할까. 안심하고 마실 물조차 변변치 못하고 고통과 불안 속에서 살아가는 그들은 인간적으로 참 안됐다는 생각이 들 때마다 제자리에 엉덩이를 한 참이라도 못 붙이는 우리들.

이웃의 불행을 못 본체 하지 않고 인정을 베푸는 것이 우리의 전통이었고 도리였다. 너도 나도 일본을 할퀴고 간 쓰나미의 복구대열에 동참하는 모습은 대견하고 흐뭇했다. 이런 걸 보더라도 우리민족이야말로 남의 아픔을 함께 아파할 줄 아는 인정스러운 민족이라는 것을 알 수 있다.

왜 하필 이럴 때인가? 일본은 독도를 자기네 땅이라고 억지 부리는 소리를 하고 있으니 우리로서는 황당할 수밖에 없다. 술 받아주고 뺨 맞은 격이랄까. 이웃 나라 고통을 위로하려고 애쓰는데 말도 안 되는 잠꼬대를 되풀이 하는걸 보면 참으로 상대하기 힘든 그들이다. 우리가 어거지 부리는 사람 앞에서 너무 순진했던가, 하는 생각을 하게 된다.

마음이 하도 뒤숭숭해서 무거운 머리라도 식힐 겸 산책을 나서 쉬엄쉬엄 걷다보니 그리 멀지 않은 부산시 수영구 수영동에 위치한 '수영사적공원'에 발길이 닿았다. 공원이라 해봐야 규모나 시설이 웅장하지 않지만 옷깃을 여미게 하는 사당이나 기념관 앞에서 진작부터 참배하지 못했던 죄스러움이 밀려왔다.

이를테면 거기에는 부산광역시에서 지정한 유형문화재를 비롯하여 국보급 중요무형문화재가 수도 없이 많았다. 중요무형문화재 제43호 수영야류, 제65호 좌수영 어방놀이와 같은 부산 예술문화의 원류지가 여기인 셈이다. 조선 중기만 해도 그 주위는 바다인지라 물산의 교역이 활발하게 이루어졌으며 부산포 중심지였다고 한다.

그뿐 아니다. 임진왜란당시 약탈과 살육을 자행하던 일본군과 맞서 싸우다가 장렬하게 전사한 '25 의용단'의 사당과 '수영 남문'터도 거기에 있다. 조선시대 동래에서 울산을 거처 포항까지의 동남부 해안을 관할했던 '경상좌도 수군절도사' 터도 이곳 수영사적공원에 있었다. 평범해 보였는데 예사로운 공원이 아니란 걸 알 수 있었다.

더더욱 특별한 것은 저 유명한 독도 지킴이 안용복 장군의 동상이 여기에 있다는 사실이다. 1693년 조선 숙종 때 장군이 18세가 되던 해에 험한 바닷길을 노를 저어 독도까지 왕복하며 불법으로 침범하는 그들을 쫓아냈다. 그래도 그들은 호시탐탐 침범하여 노략질하기에 의기투합한 동료 몇 명과 함께 일본 땅으로 건너가 다시는 침략하지 않겠다는, 에도江戶가 써준 '독도는 한국 땅'이라는 각서를 받아왔다고 한다.

머나먼 뱃길을 노를 저어 항해하고 바람 따라 물결 따라 돛을 올려야 했던 그 시대에는 부산에서 독도까지 며칠이나 걸렸을까. 전천후 동력선이 대양을 누비는 요즘이라도 감히 흉내라도 낼 수 있단 말인가. 이런 것만 보아도 우리 조상들의 기개를 알 수 있다. 또한 천지개벽이 일어나도 독도가 한국 땅인 것은 다 그처럼 훌륭한 선각자가 있었기 때문이다.

수영사적공원을 한 바퀴 둘러보고 계단을 내려서려니 한 장의 플래카드가 '일본은 안용복 장군에게 무릎 끓고 사죄하라'라고 쓰여 있어서 발길을 멈추게 한다. 비록 부산시청에서 내 건 홍보물이겠지만 "뭐? 독도가 일본 땅이라고?"하는 어감은 대한민국 전 국민의 분노가 뭉친 것이어서 십년 묵은 체증이 확 내려갈 만큼 시원한 카타르시스를 안겨 주었다.

안용복 장군 동상은 부산에서만 모시지 말고 서울 세종로 네거리에 이순신장군 동상과 나란히 세우면 어떨까. 아니면 독도 한복판에다 모시고 천지가 개벽해도'독도는 우리 땅이야!'라고 할 수는 없을까. 턱도 아닌 어거지를 부리는 그들에게 혼을 좀 내주었으면 좋겠다며 안용복 장군 동상 앞에 서서 이런 저런 상념에 젖었다.

제3부

달빛에 취해

명순응 / 고액권 / 호박에 줄긋기
달빛에 취해 / 어떤 풍류 / 사장이라 불러줘
이름 / 대숲에 달이 뜨니 / 안동 껑껑이 / 여름 속으로

명순응明順應

나는 걷기를 좋아한다. 저녁 먹고 바닷가를 산책하면서 푸른 파도를 동무 삼아 걷는다. 거기다 아침마다 헬스장에 가서 운동을 하는 것이 하나의 일과처럼 되었으니 둘 다 자랑하지 않을 수 없다. 걸을 때마다 가슴을 활짝 펴고 팔을 흔들며 활기차게 걷다가 휘파람을 불면서 집으로 돌아오곤 한다.

요즘은 걷기운동이 일반화 된 것 같다. 세계보건기구 WHO도 '5-30' 운동을 권하고 있는데 그 중에서 5라는 숫자는 일주일에 다섯 차례 운동을 하고, 30이란 숫자는 최하 30분 정도는 걸어야

효과가 있다고 하는데 이 숫자를 신앙처럼 믿고 살아간다.

하루는 우리 집 마당가에 있는 광안대교 교각에 걸린 휘황찬란한 조명을 바라보며 걸었다. 느닷없이 명순응明順應이란 말이 생각났던 것은 무엇 때문인지 모르겠다. 이 말은 어두운 곳에서 갑자기 밝은 곳으로 가게 되면 처음에는 눈이 부셔서 아무것도 안 보이다가 차츰 밝음에 익숙해지면서 사물이 보이기 시작하는 현상을 말한다고 했다. 그날도 반환점을 돌아서 집으로 돌아올 때 바라본 조명이 곱디곱게 보였던 것은 그 때문이지 싶었다.

헬스클럽의 러닝머신 기계 위에서 중심을 잡고 똑바로 걷기가 그다지 쉽지 않을 때도 있었다. 요즘 와서 다소 중심이 잡히는 걸 보면 열심히 걸어야겠다는 의지의 성과인데 그러고 보면 우리 삶의 굽이굽이가 모두 그런 과정이 아닌가 싶어진다. 사바고해의 낯선 환경에 던져진 모든 생명들은 그런 명순응의 과정을 거친 다음에야 제 각각 살길을 찾아간다고 했던가.

얼마 전에는 ≪워낭소리≫라는 영화를 봤다. 삶의 동반자처럼 가축인 소를 가족처럼 아끼며 살아가는 노부부의 얘기를 그린 영화였는데 특히 어미 소가 송아지를 낳는 장면이 퍽이나 인상적이었다. 어미의 양수를 뒤집어쓰고 갓 태어 난 송아지는 제 힘으로 일어서 보려고 안간힘을 써 보지만 다리에 힘이 붙지 않아 일어서다가 넘어지고 번번이 실패하는 것이었다.

그 여린 송아지의 버둥대던 모습이 지난날 내 모습으로 떠오른다. 경쟁이 심한 생활전선에 뛰어들었을 때 의욕만 앞섰지 사업의 진도가 없었던 것이다. 갓 태어난 송아지처럼 팍팍한 환경을 떨치고 일어서 보려고 내 얼마나 버둥댔던가.

오늘도 백사장을 따라 걷다가 돌아왔다. 인도의 독립은 간디가 산책하면서 그 사상을 만들었다고 하고, 철학자 칸트 역시 매일같이 정해진 시간에 산책을 하면서 '실천이성비판實踐理性批判'이란 불후의 명작을 구상했다는 말을 들은 적이 있다. 두 분 모두 어두운 세상에서 헤어나지 못하는 사람들에게 밝은 사회로 나가는데 지팡이가 되고 명순응에 익숙해지도록 일깨워주신 분들이 아닌가 싶었다.

아닌 게 아니라 청년시절이라면 정신없이 뛰어야 경쟁에서 살아남을 수 있다는 것이 그분들의 가르침이다. 달 밝은 밤이나 구름 낀 저녁나절이라도 마음의 짐도 가볍게 지고 쉬엄쉬엄 걸어야 하는데 나는 아직도 빚쟁이가 뒤 따라오는 듯 사정없이 내달린다. 무엇이 부족해도 한참이나 모자란 삶을 사는 것 같다.

먼 산에 비스듬히 비낀 저녁노을이나 유유히 떠가는 구름을 바라보며 안분지족까지는 아니더라도 제 앞가림쯤은 해낼 줄 아는 삶이어야 한다고 본다. 되짚어보면 창자 속의 음식물을 비우려는 단순한 작업이 아니고 무거운 짐을 진 인생역정을 생각을 해보면서 말이다.

어쨌거나 걷기는 내 삶의 중요한 일과다. 하루라도 걷지 않으면 몸이 찌뿌듯해지면서 몸속 오장육부가 삐꺼덕거린다는 느낌이다. 인생도 쉬엄쉬엄 먼 길을 나서면서 어두운 방에서 밝은 곳으로 나아가듯 명순응 하는 것이므로.

고액권高額券

설이다. '까치 까치 설날은 어저께구요, 우리 우리 설날은 오늘이래요.' 라는 동요를 떠올리면서 환한 새아침을 맞으며 창을 열었다. 동해의 푸른 파도가 여전히 넘실대고 광안대교를 넘어온 바다 냄새가 설을 맞은 우리 집 방안으로 밀려온다. 거기다가 햇살이 눈부시고 아름답게 축복해주니 더 바랄 것이 없는 새해 아침이다.

뭐니 뭐니 해도 설 명절의 즐거움은 가족들과의 만남에 있다. 다람쥐 쳇바퀴 돌 듯 일상에 쫓기고 살았는데 묵은해의 피로를 날려버리고 새로운 마음으로 한 자리에 모여 가슴 뿌듯해지는 날이 바로 이날이다. 마음만 먹으면 모든 일이 다 성취되면서 세상에 널려있던 오복이 다 내 품으로 파고드는 날….

설날이라고 해서 어른이 복을 더 많이 받는 것도 아니다. 아이가 존재해야 어른이 있듯이 오늘은 아이들의 천국이다. 철부지가 어른 상투를 잡아당겨야 과세를 제대로 한다고 했던 옛 말도 있지 않은가. 아이들 재롱 속에서 메인이벤트는 고운 한복 차려입은 손자 손녀로부터 세배받기였으니 내 입은 다물어지지 않는다.

나는 세뱃돈으로 1,000원짜리 2장씩을 봉투에 넣어 고사리 손에 쥐어주었다. 하지만 철부지일지라도 알 것은 다 알기에 금세 시무룩해져서는 저만큼 비켜나 앉아 버린다. 얼마 전 외국여행 다녀오면서 기념으로 사온 연필을 두 자루씩이나 세뱃돈 봉투에 함께 넣었는데도 시답지 않은 표정이다. 그것은 할아버지가 의도적으로 해 본 일인데 5만 원짜리 고액권을 기다리고 있었다는 것을 증명하는 오늘이다.

그런데 느닷없이 KBS-TV 방송국에서 우리 집의 명절 쇠는 모습을 찍겠다고 찾아왔다. 나로서는 마다할 이유가 없어 허락했지만 주부의 생각은 달랐다. 촬영기사는 설 차례, 세배 올리는 모습을 하나하나 찍는다고 했고 아내는 초상권이나 사생활이 공개되므로 자존심이 걸린 문제라며 손을 내저었다. 무엇이든 설날은 마음먹은 대로 다 된다던 어른들 말씀도 틀릴 때가 있구나 싶어서 웃었다.

그날 밤 9시 뉴스시간에 우리 집 설날 모습이 생생히 방영되었다. 때때옷 입고 천 원짜리 세뱃돈을 받는 우리 집 아이들이 단연 주인공이었다. 색동저고리 설빔이 낯설어서 벗어던지려고 발버둥을 치는 걸 겨우 달래고 얼러서 복주머니까지 채운 모습이었다.

하지만 세상은 늘 설날이 아니지 않은가. 밥 굶고 해진 옷 입어야 하는 사랑받지 못하고 우울한 명절을 보내야 하는 아이들은 얼마나 많은가. 천 원짜리 세뱃돈 한 장도 못 받는 아이가 있다는 것을 설날 아침에 덕담으로 말해주면서 의도적으로 고액권을 주지 않았다. 새해부터는 모두가 걱정 없는 사회가 되어 집집마다 고운 한복에다 고액권을 복주머니에 넣으며 행복해 하는 웃음소리가 가득하기를 바랐다.

이렇게 소원을 빌고 덕담을 주고받을 때 2010년 밴쿠버 동계올림픽 중계방송을 하고 있었다. 스피드 스케이트 500m 경기에는 이상화 선수가 금메달을 목에 걸고 환호하는 모습은 모두에게 희망을 주었다. 모태범, 이승훈, 이정수 등등 자랑스러운 대한의 아들딸이 시상대에서 새해 인사를 했을 때 세상의 온갖 시름이 다 날아가 버리는 것 같았다.

그들은 언젠가 세계를 제패하겠다며 'HOPE'라는 네 글자를 가슴속에 깊이 새기고 피나는 훈련을 거듭하며 세계정상을 꿈꾸었을 것이며 그 꿈이 때마침 설날 아침에 이루진 것이다. 올림픽에서 금메달은 아무나 따는 것이 아니다. 피나는 훈련에다 각오가 있어야 시상대에 설 수 있다고 이야기 해주면서도 쩨쩨하게 세뱃돈으로 1,000원짜리를 투자하고 금메달을 따오기를 기다린다면 새해 아침 욕심치고는 너무 지나친 것은 아닐는지.

TV방송에서 "Hope! and hope pul…" 하는 아이들의 해맑은 동요가 희망차게 들려오고 있다. 둥글고 힘찬 아침 해가 떠오르는 설날의 꿈이 언젠가는 이루어질 날이 오겠지. 그럴 때 나는 금메달을 따 온 손자 손녀들에게 주저 없이 오늘 아침 아껴둔 고액권을 손에 쥐어 주리라.

호박에 줄긋기

부산시민이 된지가 자그마치 55년이다. 아무리 산골 출신이라 해도 그만큼 수돗물을 먹었다면 이제는 시골티를 벗을만하다. 그런데도 사람들 눈에 비치는 모습은 장터에 내다놓은 촌닭 같다고들 하니 내가 생각하는 내 꼴은 어떤지 모르겠다.

요즘 친구들과 가까운 산으로 등산을 다니면서 내 차림새를 보고 세련된 맛이 없다는 소리를 자주 듣는다. 하기야 그들은 깔끔하고 반반한데 나만 허름한 차림에다 등산장비란 것도 기능성은 고사하고 반듯한 것이 없다보니 그런 지청구를 들을 만하다.

하기야 그렇다. 젊은이들이야 아무렇게 입어도 젊음자체가 아름답기 때문에 어색함이 없지만 환갑 넘긴 사람은 다르다. 옷차림을 보고 사람을 평가할 수는 없다고 하지만 외모가 허름하면 홀아비 또는 인생에 실패한 사람으로 분류되어 버리는 것이 요즘 세상이다. 그런데 그럴 이유가 없는 내가 늘 그런 차림이었다나.

내 여동생이 한때 반반한 의류제조 공장을 경영한 적이 있다. 그래서 신제품이 나온다든지 품질검사에서 불합격된 것을 모아 두었다가 친정 오빠인 나에게 보내주기도 했었다. 남방셔츠며 면바지 같은 제품을 수출하거나 백화점으로 납품하다 보니 그런대로 품질도 괜찮고 여동생의 알뜰한 정성이 담긴 옷들이어서 정장을 하지 않는 날이면 자랑스럽게 입고 다녔다.

그러나 옷에 내구연한이란 것은 없겠지만 아껴 입다보니 디자인은 구형이 되면서 입은 사람까지 닮고 만다. 한물간 옷은 무릎 부분이 해지기 일보직전이었고 셔츠 깃은 세탁을 했음에도 때가 묻은 것 같이 늘 허름했던 모양이었다. 요즘은 살점이 내 보일만큼 한 가지 의복으로 오래 입는 사람이 없는 세월인지라 겉은 멀쩡해도 물색이나 디자인이 좀 그렇다 싶으면 재활용 상자에다 과감히 던져버리는 시대가 아닌가.

그런데도 절약정신 운운하며 낡아질 때까지 입고 다니고 있는 내 모습이 얼마나 우중충했을까. 친구들은 나를 만날 때마다 고집스러움은 고사하고 우선 외관상이나마 변화하기를 바랐다.

해운대에는 장산萇山이 버티고 있다. 몇 년 전만 해도 티셔츠 차림이나 운동복을 걸친 채 산보를 나오던 사람들이 많았는데 최근 들어 유명 메이커 상표가 새겨진 등산복을 입고 오솔길을 걷는 이들이 대부분이다. 열 명에 일고여덟은 '고어텍스' 라는 특수소재로 만든 등산복인데 눈보라 치고 극지 탐험할 때 입는 비싼 제품을 뒷동산을 오를 때도 무시로 입고 다니는 것이 요즘 유행이란다.

하루는 친구가 영원한 촌놈인 나와는 산행을 하지 않겠다고 엄포를 놓았다. 충고를 귀담아 듣고 고칠 생각은커녕 꾀죄죄한 차림으로 따라다니니 창피하다는 뜻이다. 그날 등산을 마치고 돌아오는 길에 세계에서 제일 크다는 어느 백화점에 들렀다.

부산시민이 된 지 55주년 기념이라 할까, '고어텍스' 마크가 선명한 등산복이며 최신 유행하는 기능성 등산모자까지 구입해 버렸다. 시류를 따라 변화한다는 의미도 있지만 친구의 따끔한 충고를 받아들인다는 쪽에 비중을 더 두면서 다소 무리하게 지갑을 열었던 것이다.

묵직한 쇼핑백을 받아들고 곧장 주차장으로 내려가는 에스컬레이터를 타고 '이젠 되었다' 싶어 높은 천정을 바라보며 씩 웃었다. 호박에 검정색 줄 그어도 수박이 되지 않는다는 말이 있듯이 옷차림을 바꾼다고 사람 속까지 바뀌지길 기대할 순 없고말고!

성철스님이나 김수환 추기경 같은 분들이야 옷이 대수가 아니지만 정신적 향취도 풍기지 못하는 내 주재에 옷차림으로 그분들의 흉내를 내려했다면 참말이지 가당찮은, 그야말로 자가당착이 아니었나 싶다.

이처럼 후줄근한 나의 행색은 물론 속 깊이 든 묵은 생각까지 빠르게 변화시켜야 한다. 정말로 무언가를 향해 가고 있음에 미소를 지은 것이다. 그런데도 전에 입던 옷들에 미련을 버리지 못하고 재활용 상자 앞에서 아직도 망설이고 있다.

달빛에 취해

해마다 돌아오는 추석이다. 올가을은 연례행사처럼 닥치던 태풍마저 종무소식이어서 대풍작을 예고하는 것 같다. 가슴을 열고 들판을 바라보니 마음조차 풍성하다. 그야말로 근심과 걱정이 없는 평화로운 세화연풍歲和年豊 한가위라 할만하다.

중천에 훤한 보름달하며 삽상한 갈바람이 뜰에 선 잎이 넓은 나뭇가지를 스치고 지나가니 중추가절의 밤은 더욱 아름다웠다. 화가 반 고흐의 유명한 ≪별이 빛나는 밤≫처럼 환상적이다. 명절을 전후하여 고생하는 아내가 부엌일 끝나기를 기다려 고향의 고즈넉한 밤길을 오래전 그때처럼 다정히 손잡고 함께 걸었다.

몇 가구 되지 않는 아랫마을과 윗마을을 금방 벗어난다. 구불구불하게 이어지는 논둑길, 밭둑길에서 가득히 익어가는 벼의 구수한 냄새를 맡다보면 이번에는 과수원이다. 사과나무 가지들이 길가로 넘어와 루비처럼 붉게 익어 손에 잡힐 듯하고 풀 섶에서 찍찍대는 풀벌레 소리를 들으며 발길을 옮겼다.

한참을 걷다보니 하늘 가운데서 둥근 달이 웃고 있다. 훤한 달빛에 아까부터 따라오던 그림자가 발아래에서 밟힌다. 내 키가 보통은 넘는 줄 알았더니 아주 조그마하고 소견도 좁은 것 같다. 어찌 생각하면 저 그림자가 나의 전부인 것 같아 부끄러운 생각이 든다.

어느 영화에서 본 것처럼 아프리카의 키 작은 종족들이 온 몸에 치장을 하고 흥에 겨워 춤추던 모습이 떠오른다. 내가 잔뜩 차려입고 번쩍이는 자동차를 타고 내로라하고 다녀봤자 그게 그것이 아니던가. 잘난 척 하지만 서툴게 세상사는 것이 어디 한둘인가. 그 중에서도 남의 아픔과 슬픔을 헤아릴 줄 모르는, 내 못남에 대한 것을 되돌아보게 한다. 그래서 저 달이 내려다보며 빙글빙글 웃고 있는 것이 아닐까. '야, 이 불쌍한 중생아!' 하면서 말이다.

내외가 걸으니 달이 우리를 따라오며 옅은 구름 속으로 들락

거리며 질투를 하는 것 같다. 그 옛날 주선酒仙이라던 이백李白은 만고에 유명한 그의 시 ≪월하독작月下獨酌≫에서 "꽃 사이에 앉아 혼자 마시다보니 달이 찾아와서 나와 달, 그리고 내 그림자까지 어느덧 동무가 셋"이라고 말했다지 않는가. 그러고 보니 달은 그 자체가 시요, 노래다. 그야말로 서정의 상징인 것이다.

보름달은 초정밀 과학이 탐구하는 연구의 대상이므로 인간이성을 대표한다고 할만하다. 생각해보면 논배미를 갈아엎듯이 우주공간을 갈아엎으려는 인간의 힘, 과학의 힘은 참으로 경이롭다. 인간은 티끌처럼 작지만 그 작은 두뇌에서 나오는 힘은 한없이 크다는 것을 느낀다. 그러므로 한 인간의 생명가치는 우주보다 크고 무겁다고 하지 않을 수 없다.

환한 달빛에 골짜기를 따라 걷다보니 내가 좋아하는 광풍제월光風霽月이라는 글귀가 떠오른다. 비 갠 뒤의 바람과 달은 삽상하고 깨끗하고 욕심 없는 청정무욕의 인품이 바로 광풍제월이라고 옛날 주희朱熹의 인품에 감격해서 그의 친구가 말했다는 구절을 잊을 수가 없다.

한참을 생각에 잠겨 걷다보니 막다른 골짜기에 자리한 저수지 둑에 다다랐다. 총총한 별빛이 잔잔한 수면을 비추는 것을 보니 어느덧 반환점인데 광풍제월의 깊은 뜻을 배우고 닮아 최소한의 인간 구실이나마 해야지 하고 다짐한다.

곡식과 과일이 달빛을 받아 여물어 가듯이 쭉정이 같은 내 인생도 저들처럼 완숙하게 익혀졌으면 좋겠다. 그런 생각을 하면서 저수지 둑을 돌아 내려올 때도 달그림자에 비친 내 모습은 여전히 어설퍼 보였지만 다행히 아내의 얼굴은 달빛에 익어 환하다.

보름 달빛이 지켜주는 골짜기 길! 가을을 재촉하는 풀벌레 소리가 찌르르 들리는 오솔길. 별빛에 취해 산책하고 중추가절 좋은 달빛에 취해 마냥 걸었던 날이다. 달아달아 밝은 달아!

어떤 풍류

친구는 시원한 샘물입니다. 밤낮없이 솟아오르는 옹달샘처럼 목마름을 풀어줍니다. 그런 친구와 함께하면서 듣게 되는 이런저런 이야기는 참으로 유익합니다. 일상의 정보에다 건강에 관한 경험담까지 다양합니다. 그러다보면 어느새 파란 바다가 건너다보이는 정상에 이르곤 하는데 내 삶이 늘 이렇게 재미있었으면 좋겠습니다.

하루는 조선시대에 살았던 어유봉魚有鳳이란 선비 이야기를 들려주었습니다. 책상에 앉아 책을 읽는 것만이 독서가 아니고 여

럿이 어울려 숲속을 걷다가 계곡이나 너럭바위에 앉아 정겹게 이야기를 나누는 그 자체가 독서라고 했답니다. 자연 속에서 지난날을 뒤돌아보기도 하고 장래계획을 세운다는 것은 곧 인생을 논한다는 뜻이며 그가 지은 유산여독서遊山如讀書라는 저서에도 우정에 대한 명언을 남겼다고 합니다.

제가 따라다니는 코스라고 해봐야 그저 부산근교 야산인데 한나절이 고작입니다. 목 축일 물 한 병에다 과일 한 쪽이면 충분합니다. 시외로 나가서 높은 산을 오르기보다 지하철을 이용할 수 있는 코스라면 안성맞춤이지요. 한땐 높고 험한 백두대간도 무박 2일 일정으로 거뜬히 소화했답니다. 이젠 펄펄 끓던 열정이 식어간다는 증거여서 서글프기도 합니다.

우리 일행은 리더가 없는데도 한 줄로 걸어가며 발을 맞춥니다. 어느 누가 앞장서려고 욕심 부리지 않습니다. 쉬엄쉬엄 정상을 향해 오르다보면 잘 훈련된 병사처럼 질서정연합니다. 그러다가 쉼터에 다다랐다 싶으면 배낭을 내려놓고 교향악단 단원들이 제각기 다른 악기를 연주하듯 제가끔 특색있는 소리를 내면서 땀을 닦습니다.

우리 일행이 등산가는 날은 음악회 가는 날이나 다름없습니다. 뿐만 아니고 옛 선비의 말처럼 자연 속으로 책 읽으러 가는 날입니다. 오를 땐 제 1막 음악회이며 내려올 땐 제 2막, 그리고 막간에는 독서시간이기 때문에 그 즐거움으로 저의 얼굴엔 늘

화색이 돈다고 부추겨줍니다.

그런데 오늘은 등산길에서 친구와 입씨름을 했습니다. 저의 주장은 금강산 경치가 어느 산에 비해 제일 수려하다고 했고, 다른 친구는 중국 황산이라고 우겼던 것이 발단이었습니다. 땀을 흘리며 걷던 일행들이 옥석을 가릴 걸 가려야 한다며 티격태격하는 다툼에 모두가 '허허' 하고 웃다가 '붙어봐라' 하고 불난 집에 부채질까지 하는 걸 보면 유머가 넘쳐난다는 뜻이 아닐까요. 내 뒤를 따라 걷던 그 친구의 가무잡잡한 얼굴을 뒤돌아보니 건강미가 넘쳤습니다.

등산길 너럭바위에 앉아 마시는 한 모금의 물은 그야말로 시원합니다. 아니 보약이라 한들 어떻습니까. 이마에 흐른 땀을 닦아내며 소나무 가지 사이로 비치는 파란 하늘을 문득 바라보았습니다. 뭉게구름 한 점이 어디론가 흐르는 것을 보며 우리들 말씨름이 참으로 싱겁다는 것을 비로소 알게 되었지요.

2003년 10월이었습니다. 저는 운 좋게도 아무나 못가는 금강산을 구경할 수 있었습니다. 하지만 간다 간다하면서 황산까지는 발을 디뎌보지 못했습니다. 그날 우리일행이 판정내리기를 황산보다 금강산이 한 수 위라고 표를 몰아주었습니다. 황산은 일 년 중 반 이상은 안개가 시야를 덮어버려 풍수학적으로 물의 기운이 부족한 것이 흠이면 흠이라나요. 반면에 금강산은 사계절이 뚜렷하고 동해의 해풍이 바위산의 화기를 달래주기 때문이라고 엄지손가락을 세우더군요.

요즘도 저는 한 주에 두어 번 등산을 따라 나섭니다. 말하자면 숟가락으로 보약을 떠서 내 입속으로 넣어주는 날이 바로 그 날이기 때문입니다. 책상 앞에서 만권장서 읽는 것도 좋긴 하지만 책보다 더 큰 스승이 자연 속에서 노니는 것이라 했으니 말입니다.

자연과의 소통, 거기다가 햇살처럼 정다운 우정이 있다는 것. 제가 언제까지 걸을 수 있을지 모르지만 저 주선酒仙이라던 이태백도 이런 멋진 풍류를 즐겼을까요? 마음속으로 부르짖습니다. "가자! 산으로…"

사장이라 불러줘

겉모습을 보고 사람 속을 알 수는 없을까? 더러는 금방 알아차리기도 한다지만 나는 그렇지 못한 것이 결점이다. 그런 방면에 특별한 기능이나 지식을 쌓은 적이 없으면서 눈썰미가 부족하기에 곧잘 실수를 달고 다닌다.

옛 선비들은 사람을 보는 안목을 중요시했는데 한두 번 보고도 정황을 판단하는 능력이 있어야 한다고 가르쳤다. 더러는 가만히 앉아서도 진리를 꿰뚫을 수 있다지만 그건 초인이 아니고선 불가능한 일이지 싶다.

우리가 지적 수준이나 나이에 대한 성숙도를 따질 때 논어의 한 구절을 곧장 인용하곤 한다. 중후한 인품이 베어난다는 오십세에 이르면 지천명이라고 하여 돈의 유혹, 사람의 유혹, 명예에 대한 욕심으로부터 흔들리지 않는 나이이며 한 단계 올라서는 과정이라 했다. 그런데 이미 이순을 넘기고도 한참이나 지난 나이라 나잇값을 할 수 있어야 함에도 세상 돌아가는 물정판단이 기준에 미치지 못하고 우왕좌왕할 때가 있다.

한번은 단골로 다니는 우리 동네 목욕탕에서 일어난 일이다. 하도 가슴에 와 닿는 일인지라 나야말로 그 사람처럼 실수하지 말아야지 하고 다짐한 적이 있다. 하루는 A라는 손님이 목욕탕에 딸린 이발소 주인에게 "황씨 황씨!" 하고 부르며 자기가 최고의 단골로 자처했는데 정작 이발가위를 든 황씨는 대답을 하지 않았다.

시골 장에서 손수레에다 생필품 몇 가지를 싣고 다닌다 해도 '사장' 아니면 '회장'으로 호칭하는 세태가 아니던가. 회장까지는 아니더라도 듣기 좋게 "황사장!"하고 불렀더라면 투덜대지 않았을 것이다. 아닌 말로 '황씨'라는 호칭은 업신여기는 말처럼 들렸기 때문에 노골적으로 '쾅!' 하는 소리가 나도록 손님 앞에서 창을 여닫곤 했다는 것이다.

그가 이발소를 개업하면서 건물 주인과 전세계약을 맺었고 세무서로부터 납세번호까지 부여받은 엄연한 개인사업자였다. 조금만 더 신중했더라면 얼마든지 상대에게 다가설 수 있었고 자신의 입지도 살릴 수 있었지 싶다. 사람은 사소한 일상생활에서 듣고 보는 것일수록 반대편에서 이리저리 쿡쿡 찔러보아야 한다는 진리를 잠시 잊어버린 것은 아닐까.

서양 속담에 '책은 표지만 보고 판단하지 말라'고 했다. 그것이 곧 "Dont judge a book by it,s cover"라는 구절인데 영어 과목 시험문제에 자주 등장하는 문구라고 한다. 어디 그뿐이겠는가. 미국의 한 노부부가 그들의 재산인 거액을 하버드대학에 기부하기로 의논을 마치고 하루는 대학정문을 들어서는데 초라한 행색이라고 수위가 앞을 막았다.

"여보시오, 어디로 가는 거요?"

"대학 총장님을 만나려고요. 어디로 가야 합니까?"

그 말에 수위는 냉정하게 대답했다.

"총장님은 당신 같은 초라한 사람들을 만날 시간이 없어요. 돌아가세요."

겉모습만 보고 그들을 대학 캠퍼스를 구경 온 가난뱅이 노인들이라고 생각했던 것이다. 그러자 노인이 다시 물었다.

"이런 대학 하나 짓는데 돈이 얼마나 들었답디까?"

수위는 더 경멸하는 듯 비꼬는 말투로 소리 질렀다.

"그런 것 알아서 뭣 하려고요, 빨리 비키기나 하시오!"

그렇게 해서 하버드대학 정문에서 쫓겨난 노부부는 자기재산으로 손수 대학 하나를 짓기로 했다. 바로 지금의 <스텐포드 대학>이라고 한다. 그 뒤에 하버드대학 관계자들은 정문에 커다란 자연석을 새우고 '외모로 사람을 판단하지 마라.'라는 글귀를 새졌다는 것이다.

외모만 보고 사람의 심성까지 평가해 버리는 요즘 세상이다. 사물의 뒤쪽을 꿰뚫어보는 통찰력이 없으면 복잡한 이 세상을 헤쳐 나가기가 힘든다는 것은 어제 오늘의 일이 아니고 동서양이 다를 바 없다는 증거가 아닌가.

한때 인재를 찾아내는 혜안이 남달랐다는 어느 대기업체 창업자처럼 나도 사람 얼굴을 보고 내면의 깊은 곳을 가늠할 수 있었다면 무엇 때문에 세상사가 힘들었겠는가. 꼭 그분만큼은 아니더라도 살아온 경륜이 있으니 앞가림이나 했으면 싶어진다.

이름

사람은 저마다 이름이 있다. 못난 사람일지라도 이름 석 자가 근사하면 복을 받고 들어난 사람일지라도 과하면 오물을 뒤집어 쓴다고 했다. 부르기 좋고, 쓰기 좋고, 좋은 느낌이기를 바라면서 말이다. 하지만 모름지기 덕망을 쌓아야 성취할 수 있는 일이다.

내 이름 석 자에도 사연은 많다. 태어나기도 전에 증조부께서 항렬에 따라 이름부터 지어놓고 남자 아이이길 바랐다고 한다. 논어에 가장 많이 등장한다는 어질 인仁자에다가 우리 가문의 돌림자인 넓을 호浩자를 택해 '인호'라고 작명했다는 것이다.

이름뿐만이 아니다. 우리 집 족보를 펴보면 나의 대명사인 자字도 세영世榮이라고 기록되어 있다. 택호는 경상남도 진양군 지수면 승내리 라는 동네로 장가들었다고 그 지역의 중심도시 진주시에 근거하여 '진주댁'이라고 친척들이 지어주었다. 하지만 자나 택호를 여태껏 불러주는 사람은 그다지 많지 않은 것으로 보아 부족한 점이 많은 사람임에 틀림없다.

이름이나 대명사에 관한 이런 일련의 현상들은 예절을 중시하는 우리 조상들이 인간관계를 합리적으로 유지하기 위한 방편에서 나온 것은 아닌지 모른다. 또한 자식사랑의 정성이 이름에 응축된 결과라 믿어진다. 어찌됐건 내 이름은 내 등에 지어진 업보요 운명이며 조상들이 바라는 만큼 이름값을 해내려면 어깨가 무겁다는 생각이 든다.

내 능력에 비해 월등한 대명사가 있는데도 솔직히 말해서 한 단계 올려다본다는 호를 가진 분들이 무척 부러울 때가 있었다. 그러나 호라는 대명사를 가지려면 어떤 업적이나 명성이 있어야 하니까 설사 필명이나 예명을 지어 주는 이가 있다 해도 내 주제에 쓰기도 어렵겠다는 생각이 들었다. 하지만 꾸준히 인격과 덕을 쌓아간다면 언젠가는 가질 수 있으리라 믿는다.

그런데 생각지도 않던 복덩어리를 얻게 되었다. 하루는 모 대학 학장으로 재직 중인 친구가 안부편지를 보내왔다. 그러면서 어떻게 내 마음을 읽었던지 문학하는 사람에겐 아호가 있어야 한다면서 호를 지어 보냈던 것이다. 진정 감격스러웠고 고마웠다. 반가운 마음에 얼른 접은 종이를 펴 보았더니 '자목自牧'이란 두 글자가 또렷하게 적혀 있었다. 군자가 언제나 덕을 생각하며 마음 닦음에 힘써야 한다며 옛 글귀에서 따왔다는 송찬문頌讚文과 함께 보내온 것이다. 나는 그 친구의 우정에 가슴이 뜨거워지는 것을 느꼈다.

그 후 내 맏아이 장가들던 날이었다. 어느 방송국에 근무하던 동기생이 하객으로 참석하여 축의금과 함께 호를 지은 봉투를 접수시켰는데 솔 송松자에 고을 현縣자를 써서 '松縣'이라 적혀 있었다. 그렇게 해서 졸지에 호를 두개씩이나 가지게 되었는데 둘 다 뜻도 좋고 멋도 있었다. 하지만 유독 솔 송松자가 들어가는 쪽으로 마음이 쏠렸다.

그 친구의 해석을 들어보자. 한 그루의 구부러진 소나무가 언덕배기에 서있는 고고한 모습이 연상된다며 그 호를 가지라고 권유하는 것이었다. 부잣집 정원의 잘 생긴 소나무가 아니라 외딴 산마루에 홀로서서 모진 칼바람이나 눈비를 견뎌나가는 의연한 모습이 나의 이미지와 일치한다는 것이다.

하지만 성의에 보답하지도 못했고 왠지 쑥스러워 잘 쓰지도 않고 마음속에 간직하고 있었다. '아끼면 똥 된다'는 속담이 있듯이 이제 종심從心이라는 일흔 고개를 넘겼으니 묻어두었던 것을 끄집어내어 소개하면서 소박하게 불리길 바란다.

부모님이 지어주신 이름, 조상이 남긴 자字, 친구들이 지어준 호號하며, 친척들이 작명해 준 택호까지 해서 네 가지나 된다. 그야말로 곡간에 가득한 곡식처럼 이름 부자가 아닌가. 좋은 일 많이 한 사람은 역사에 빛나고 있다는 것을 알고는 있지만 나야말로 이름값이나 하며 살아갈지 의문이다.

대숲에 달이 뜨니

온통 푸른 대숲이다. 훤칠하게 높은 왕대가 아니라 내 키보다 조금 높고 손가락만 한 굵기이니 누가 봐도 볼품은 없을 것이다. 하지만 사시사철 노래를 부르는 합창단 같이 늘어서서 마음을 풍성하게 해주니 세상을 다 품은 착각도 한다.

대나무는 나무라고는 해도 원래는 풀의 일종이라고 한다. 말하자면 나무화된 풀이랄까. 속이 비었지만 마디가 있어 단단하다. 잘 부러지지 않으니 대쪽 같은 성격이라고 하기도 했고 잎이 사철 청정하여 군자에 비유하기도 했다. 그렇다면 대밭 주인도 그런 빼어난 점을 닮아야 하건만 그렇지 못함은 대처럼 속이 빈 삶을 사는 것은 아닌지.

예로부터 세한고절歲寒孤節, 설중고죽雪中孤竹이라 높이 받들던 나무가 대나무다. 아무리 바람 불고 눈이 와도 꿋꿋하게 견뎌내는 기개를 사랑하다보니 새삼스럽게 고고한 품격에 빠져들고 있다. 하기야 매란국죽梅蘭菊竹의 사군자가 모두 저마다 본받을 만한 품성을 지녔다고 하겠지만 맨 마지막 대나무 죽竹자가 더욱 의미깊게 다가온다.

대나무도 그렇지만 사람도 마찬가지가 아닐까. 심지가 굳은 사람은 한번 먹은 마음은 물론이요 한번 한 약속을 잘 바꾸지 않는다. 그래서 끝내 의리를 지키는 충신의 절개에 비유한 것을 봐도 그렇다. 철새 정치인들처럼 오늘은 이 단체, 내일은 저 정당 하는 식으로 변죽이 죽 끓듯 옮겨 다니는데 대나무의 성정을 반쪽이라도 닮았으면 좋겠다고 그 주위를 얼쩡거려 보지만 어림없는 일인 것 같다.

대는 겨울 이미지와 잘 어울린다. 하지만 여름이라고 운치가 사라지는 건 아니다. 대숲에서 일렁이는 바람소리는 소쇄하고 서늘한 맛까지 넘치는데 이럴 때 그 옆을 떠나기가 싫어진다. 옛 선비들도 한여름 깊은 산사에서 듣는 구부러진 소나무에서 들려오는 솔바람 소리는 속세에 찌든 마음을 씻어내는 듯 청량감이 있어서 좋다고 했지만, 우리 집 뒤뜰에서 달이 뜨는 저녁에 바라보는 푸른 댓잎은 그 멋이 무엇에 비할 바가 아니다.

대는 겨울에도 푸르고 여름에는 더 좋다. 대청마루에서 북쪽으로 난 문을 열어 놓으면 그쪽에서 불어오는 바람은 그제야 대화를 걸어온다. 댓잎끼리 비벼대는 소리가 시어詩語처럼 귓전으로 들려오는데 왜 녀석들을 사랑해야 하는가를 알게 된다. 앞산의 푸른 산색山色에 눈 씻고 대숲에 일렁이는 바람소리에 귀를 연다고 하면서 시를 지어 예찬한 선인들을 생각하게 한다.

그렇다면 대밭 주인인 나는 뭔가. 달이 뜬 저녁 대숲을 바라보고 희롱하다가 한 줄 시상일지라도 타래가 풀리지 않고 머릿속에 굳어 있을 때 홀연히 남도지방 키 큰 대나무 밭을 향해 여행을 하지 않았던가. 명색이 문학도를 자처하며 200여 편의 수필을 남기긴 했지만 감동을 주는 대표작 하나 없으니 무슨 대나무의 장점을 닮는단 말인지. 굵은 대마디를 어루만지다가 허기진 마음을 채우면서 한 줄 문장이라고 건져볼까, 하고 말이다.

그러면서 옛 시인의 시 한 수를 읊조려보면서 이곳저곳을 섭렵하지만 남도지방 대밭을 떠나는 순간 희미하던 느낌마저 금방 사라지고 만다.

내 고향집 뒤뜰의 대나무가 비록 키 낮고 손가락만한 참죽일진데 풍성하다는 담양 죽녹원, 소쇄원 왕대를 무엇 때문에 넘본

단 말인가. 우리 집 뒤뜰에서 입속으로 흥얼거리던 문장을 명문으로 토해낼 수는 없을까. 마침 둥근달이 대숲을 넘어 오면서 댓잎과 번갈아 오르내리며 시소 놀이를 하는 걸 보니 나도 독자들의 가슴을 적시는 글을 쓸 것 같은 예감이 든다.

안동 껑껑이

나는 고향이란 말만 들어도 가슴 설렌다. 중학생 때 고향을 떠나 여태까지 부산에 살았으니 이젠 무얼 내려놓고 살만한 나이인데도 머릿속에서 모락모락 피어오르는 향수를 지울 수 없다. 거기다가 공적이나 사석을 가리지 않고 악센트가 센 안동지방 사투리를 꾸밈없이 그대로 내 뱉는다.

유교적 생활습관이 밴 "아침 잡산니껴?" 라는 인사말은 기본이고 5일장인 안동 장날 어물전에 갓 쓰고 흰 두루마기 입고 장보러 나온 노인은 모두 우리 할아버지라고 생각하는 나에게 '안동 껑껑이' 라고 불렀다. 하지만 싫지 않았고 오히려 그 친구가 내 수준을 제대로 알고 있다 싶어 고마웠다.

내 고향에는 ≪향토문화의 사랑방 『안동』≫이란 교양잡지가 있다. 창간된 지 26년이나 되고 안동사람의 삶과 문화를 생각하고 지역사회의 정서를 살린다는 슬로건을 걸고 두 달 간격으로 발행해 왔다. 특히 출향인사들에게는 잊힐 만한 고향소식과 안동 껑껑이란 별명에 대해 자부심을 가지고 살라면서 이런 일 저런 일 일깨워 주는 잡지다.

그런데 이게 뭔 말인가. 수많은 정보를 보내주던 그 잡지사가 막상 문을 닫는다니 어안이 벙벙할 뿐이다. 주제넘은 이야기지만 그 잡지를 창간호부터 지금까지 한 권도 빠짐없이 정독한 사람이라고 자부한다. 내 둘째 사돈은 안동시 도산면이 고향인데 농암聾巖 이현보李賢輔선생 후예로써 일찍부터 독일 프랑크푸르트에 정착하셨다. 『안동』지를 내가 먼저 다 읽고 국제우편으로 사돈에게 보내드렸으니 한 권으로 둘이 나누어 읽은 셈이다.

머나먼 독일에서 고향소식을 접할 수 있다는 것은 하나의 축복이기도 하지만 그 책 속에 진열된 안동사투리를 익혀 귀국할 때마다 둘이 만나 소주잔을 앞에 두고 고향사투리 시합을 벌리곤 했다. 나는 한 달에 두어 번씩 뻔질나게 고향을 다니는 사람이지만 『안동』지를 가지고 자습한 독일 사돈에게 백전백패를 당했다는 것은 그만큼 그의 노스탤지어가 짙었다는 증거 아니겠는가.

우리가 혈육을 주고받은 정분도 넘치지만 한 권의 잡지로 맺은 인정과 도리는 어디에 비할 수 없이 두텁다. 『안동』지 발행인에게는 두 사람 몫의 구독료가 입금되어야 정상인데 내 몫조차 제대로 보내드리지 못했으니 그로 인한 적자로 해서 문을 닫는 것 같아 미안할 뿐이다. 이번에 독일 사돈이 귀국하면 자초지종을 말씀드리고 정기구독을 신청하게 하여 안동 껑껑이들의 자존심을 살리는데 앞장서리라.

내가 사는 부산시 양정동에 천연기념물 제168호 '부산진 배롱나무' 가 있다. 자그마치 800여년도 넘는다고 하는데 밑둥치가 썩었다가 살아나서 전보다 더 화려한 꽃을 피우고 세상을 밝게 해주는 나무다. 『안동』지가 스물여섯 나이에 어쩔 수없이 마지막 호를 찍어내고 문을 닫는다 해도 그 배롱나무처럼 또다시 움돋아 살아나서 수세 좋은 나무가 되어 세상을 호령하는 날이 올 걸로 믿어보겠다.

우리 안동 껑껑이들이 보통 사람들인가. 예부터 밥은 굶어도 글은 배워야 한다는 퇴계선생의 가르침이 계셨으니 잡지 속의 한 문장이라도 더 배워보겠다는 그 전통이 어디로 가겠는가. 그러니까 십시일반 문화 사업비에 투자할 수 있는 잠재력은 얼마든지 존재한다는 힘을 믿고 다시 일어서기를 바랄뿐이다. 아이들에게 방학이라면 휴식기간이 아니듯, 잠시 주춤 물러섰다가 복간된다면 발행자나 구독자가 혼연일체가 되어 더 높이, 더 멀리 뛸 수 있도록 하겠지.

그런 야무진 다짐과 희망을 가지면서 천연기념물 제168호 부산진 배롱나무를 닮아 굵직한 새싹 다시 틔우시기를 바라는 마음 간절하다. 신문이나 TV뉴스에 '안동'이란 두 글자만 튀어나와도 내 고향을 해코지나 하지 않는지 가슴이 철렁하는 순수한 '안동 껑껑이' 들의 진심이란 걸 알아주었으면 한다.

여름 속으로

바야흐로 삼복이다. 땡볕에 후줄근하니 맥을 못 추고 있는 나무 잎사귀는 맹하의 계절을 싫어하는가. 이런 날 감나무와 목련의 그늘이 겹쳐진 마당가 평상에 누웠다. 귀찮게 날아드는 파리를 부채로 쫓아 보내보지만 금세 되돌아오곤 하지만 나는 그게 그렇게 싫지는 않았다.

내가 사업에서 은퇴한 후 시골집을 몇 군데 손보면서 방마다 수세식 화장실과 노천 샤워장을 넣었다. 도시 삶이 따분하고 울적할 때면 언제라도 달려가서 며칠씩 묵고 오기도 하고, 잊고 살았던 친구들이 찾아온다면 숙소로 제공하기 위해서다. 세상에 나같이 마음 둘 곳을 지닌 사람은 복 받은 사람이란 생각이 드는데 여기 와서 며칠 쉬면서 내 몫을 나누어 가라고 마음을 열었는데도 모두가 시골에 가서 쉴 겨를이 없다고 사양하니 무얼 그리 바쁘게 사는지 모르겠다.

내 고향의 앞산 뒷산 초록이 모두 내 것으로 보인다. 거기다가 미물들도 친구하자면 찾아드니 나는 무척 부자이면서 동무들도 많구나 하는 생각이 든다. 다른 사람은 들리지 않는 뒷산의 솔바람소리, 내게만 보이는 영롱한 초록들은 끝이 없이 유정한 곳….

무조건 돈이 많아서 부자가 아니라며 입은 가진 사람은 다 말하곤 했지 않은가. 내가 사랑하는 것, 내 영혼을 살찌워주고 절제할 수 있도록 자연이 뒷받침해 주는 곳. 동아줄에 옭매여 사는 것처럼 아침에 배달되는 조간신문이 들어오지 않고, 인터넷이나 신용카드를 사용할 수 없는 곳이니 얼마나 편안한 곳인가.

얼마 전에 열반하신 법정스님은 아무것도 소유하지 않은 철저한 무소유를 실천한 분이시라고 한다. 산속의 무한한 자연의 아름다움과 가슴속에 크나큰 깨달음을 지녔기에 이 세상에서 누구보다도 많은 것을 가진 부자이셨다. 나도 가끔 내가 품은 것, 내 주위를 생각해보면 부족한 것 같아 늘 허욕을 부리며 살아왔지만 아주 가끔씩 그분을 떠올려보면 실상은 그렇지 않다는 것을 느끼곤 한다.

소중한 친구와 정다운 이웃들, 그리고 무엇보다 돌아갈 고향이 있다는 것. 거기에는 내 어머니의 젖무덤에서 맡는 것과 같은 정다운 내음이 있다. 소낙비가 한 줄금 지나가고 나면 퇴비가 썩는 매캐한 냄새가 정감을 더한다. 사랑채 기와집 처마 끝 곡선 지점에 매달아 둔 조그만 풍경이 뎅그렁 뎅그렁하고 울릴 때는 산사에서 예불시간을 알리는 종소리 같이 정겹게 들린다.

그러다가 툇마루에 가만히 앉는다. 뒷산에서 들려오는 은은한 솔바람 소리에 귀 기울이면 어느 오케스트라의 화음보다도 내 마음을 편안하게 해주는데 무슨 보약이 이보다 더 약효가 진할까.

잎이 넓은 나무들의 그늘 아래서 부채질이나 하고 책이나 읽는다면 이웃들에게는 이상하게 보이겠지. 원고지를 폈다 접었다 하다가 어슬렁거리는 걸 보면 '저리도 할 일이 없는 사람인가' 하고 거리감을 둘 수도 있다. 그분들과 평소에 친밀감을 가지고 마음속을 투명하게 열어 보여야 한다.

무조건 주는 것도 좋지만 붙박이로 사는 이웃에게 한발 가깝게 다가서야만 인정은 채워지게 마련이다. 무뎌진 낫을 갈아달라고 부탁을 하거나 조금 남아 있는 농약을 우리 집 텃밭에다 뿌려달라고 떼를 쓰다보면 순수한 그들과 어느새 마음이 통하겠지.

행복이란 스스로 노력하는 데서 만들어진다고 했다. 텃새와 철새들이 함께 둥지를 트고 무더위가 삶의 활력을 불어넣어 주는 그곳에서의 얼쩡거리는 것. 무엇보다 손끝에 달고 살던 컴퓨터와 스마트폰을 밀쳐두었더니 고요와 자연, 그리고 마을 사람들이 친구 되어 산에서 부는 바람이 왜 시원한지 겨우 알게 된다.

인정이 넘치는 시골동네에서 욕심을 털어버린다. 삐걱거리는 평상이면 어떻고 모기들이 공중묘기를 부린다 해도 애교로 봐야 한다. 삼복의 강렬한 햇살을 피해 평상에 누워 앞산 너머로 흘러가는 뭉게구름을 바라보며 설렁설렁 부채질을 한다. 그러면서 깊은 여름 속으로 성큼성큼 들어가리라.

제4부

힘내라 가계수필

힘내라, 가계수필!

요즘 가계수필家系隨筆에 대한 관심이 높다고 한다. 누구나 관심을 두어야 할 장르인데도 수필공부를 하는 분들조차 재료 찾기가 어려워 무관심한 경향이 있다는 것이다. 독자들도 웬만한 작품은 제목만 훑어보고 읽어볼 생각을 않는다고 한다.

평론가 이유식 박사가 가계수필을 새롭게 개척해야 할 분야라고 강조한 글을 읽은 적이 있다. 가문의 역사와 문화는 독자들에게 색다른 감동을 줄 수 있다며 가계수필 한 편을 국제PEN문학 월간지에 발표했던 것이다. 또한 문필가 배철웅 선생은 친인척 사이의 편지, 제문이나 홀기, 묘지의 비문, 족보의 서문, 혼인 때 받았던 사돈지 등 일상생활의 기록들을 문학적으로 풀어쓴다면 그것이 바로 가계수필이 될 것이라고 말한 바 있다.

나는 서정수필에 관심을 두고 글쓰기를 해 왔다. 기회 있을 때마다 고전이나 인문학 강의를 찾아다녔는데 좀 더 상상력을 기르면서 특화된 내 나름의 스타일로 글을 써보고 싶은 마음이 간절해졌기 때문이다. 어릴 적부터 제문이나 추도사를 지어 큰 소리로 읽는 것을 들으며 자란 때문인지 그런 옛 기록들이 하나의 문학이 될 수도 있겠다는 생각을 하게 된 것이다.

이런 나의 열정을 가까이서 지켜보며 용기를 북돋아주는 이도 있었다. 부경대학교 영문과 교수이며 문학평론가인 박양근 교수가 2012년에 간행한 ≪부산 현대수필작가론≫에 나의 졸문 몇 편을 실으면서 "한학적, 유교적인 문학으로 자리하고 있다."고 격려해 준 것이다. 거기서 큰 용기와 가능성을 얻었기에 더 열성을 보이고 있다.

지금 우리 사회는 개인주의의 급격한 확산과 산업화로 인해 효도와 우애 조상숭배 같은 아름다운 전통이 급격히 붕괴되고 있다. 뿐만 아니고 대가족 제도는 급속히 사라져가고 부부중심 핵가족으로 대체되고 있으며 우리 고유의 전통과 미풍양속이 설 자리를 잃어가고 있다. 가계수필은 그런 전통붕괴의 안타까운 현실에 한 가닥 맑은 샘물 같은 역할을 할 수 있지 않을까 하는 나의 바램이다.

역사학자 토인비는 한국의 대가족제도가 마지막 남은 인류의 희망이라고 말한 바 있다. 전통적인 우리의 고유문화는 우리의 소중한 자산이며 지키고 보전해야 할 정신적 가치임을 부인할 수 없다.

가계수필은 케케묵은 구닥다리 문학이 아니다. 우리 옛것을 무조건 쓰레기통에 버려야 할, 무용지물이라고 생각하는 것 자체가 인식부족이라고 나는 믿는다. 가계수필을 개척하고자 하는 내 주장을 목청껏 외치며 감히 독자들의 뜨거운 성원을 바라면서 다음 몇 편을 발표한다.

남선원南仙園 1

우리 집안 선영先塋이 남선원南仙園이다. 지금으로부터 300여 년 전에 사셨던 나의 8대 할아버지와 할머니로부터 2006년에 돌아가신 선친까지 내가 봉제사奉祭祀하는 직계조상 18위位를 한 자리로 모신 가족묘지이다. 이 묘역을 조성하기 전에 고민이 컸다. 세상이 바뀌었고 윤리도 변화를 겪고 있는데 제사와 묘지문화라고 해서 케케묵은 기성윤리를 답습할 수는 없기 때문이다.

이왕 상당한 비용을 들여 묘지를 꾸밀 바에야 제사에 관심이 적어지고 핵가족화 된 내 아랫세대들에게 시간적, 경제적 효율성을 계산하기로 했다. 윗대 어른들로부터 물려받은 천여 평이 넘는 야산의 양지바른 한 지점을 선택해서 100여 평만을 다듬었던 것이다. 묘역의 형태는 한 위位가 묻힌 넓이는 두어 평으로 잡고 간격은 1m 정도 유지하고 국립묘지를 본 따서 봉분 없이 평평하게 꾸몄다. 별세하신지 최하 60년에서 많게는 300여년 이상 된 조상유골을 한 위 한 위 수습하여 초상장사初喪葬事 치루는 그 이상 정성을 들여 깊이 광중壙中하고 하관下官한 다음 보드라운 흙으로 덮었다.

묘역 중심에 합설제단도 만들었다. 음식상 하나를 앞에 두었으니 18위 조상님들께서 흠향하는데 불편하시지는 않을지 모르겠다. 좁은 규모라고 해서 어떤 책임감을 탈피하려는 것은 아니고 가치관이 바뀔 대로 바뀐 신세대들에게 조상향념祖上向念에 더 관심을 갖도록 설계했다.

내가 초등학교 다닐 때다. 80세 되신 증조부를 방문한 사랑방 손님들의 대화를 어깨 너머로 엿들었다. "인호 저놈은 제사도 지내지 않고 묘지에 잡초 뽑을 생각도 않을 것이다." 라면서 제례 문화의 변화가 올 것을 걱정하셨다. 어른들께서 저 세상 가시고 반세기도 넘었는데 오히려 더 열성적이어서 나 자신도 놀라고 있다.

남선원 조성공사를 할 때, 서울서 직장 생활하는 맏아들이 현장을 예고 없이 방문했다. 아직 40대 초반인데다가 저희들 내외 둘 다 미국유학을 마치고 돌아온 해외파여서 특정종교에 심취하거나 제사에 관심이 없을까 봐 염려했는데 그게 아니었다. 큰일을 하는 애비를 불시에 찾아와 일을 거드는 것을 보아 다음 세대의 주손으로서 역할을 인식하는 것 같아 안심이 되었다.

그날 밤, 고향 사랑방에 군불을 지피고 우리 부자가 함께 누워 집안 대소사를 얘기하다 보니 음력 열나흘 달이 어느새 서녘으로 기울고 있었다. 내가 고향을 찾을 때면 선친께서 밤새도록 이런저런 이야기를 들려주시던 것처럼 말이다. 우리는 새벽이 되어서야 깊은 잠에 들 수 있었다.

지난날 퇴계선생도 임종을 예견하고 묘지를 크게 조성하지 말라고 당부했다고 한다. 지금도 퇴계묘역에 참배객이 끊이지 않는 이유는 선생의 유업이 만대에 빛나기도 하지만 서민적인 인간미 때문일 것이다. 그처럼 훌륭한 분의 묘소인데도 유언에 따라 무난하게 조성했다고 하는데 하물며 내 조상님들은 처사로 살아오셨으니 야단스럽지 않고 초가삼간 규모인지라 편안해 하시리라.

남선원은 종일 따사로운 햇살이 내려쪼인다. 사시사철 솔 향내가 은은히 피어오르며 산세가 가파르지 않아 영특한 후손이 태어날 명당이며 길지이다. 멀리 바라보이는 낙동강 상류에서 유유한 물줄기가 묘지 쪽으로 흘러들기에 후손들에게 재물이 고일장소라고 한다. 그뿐 아니다. 현대식 명당의 필수조건은 주차공간인데 한적한 2차선 국도변이니 여러 대 주차도 가능하면서 유모차 접근도 수월한 묘역이다.

한 세기 이전만 해도 묘지를 들일 땐 깊은 산을 택했다. 벌초하고 묘사를 지내려면 등산장비를 갖추고 원시림을 통과해야 다다를 수 있었으니 진심이 깃든 제례행위가 되었겠는가.

새로 조성한 묘역이 준공 단계에 접어들었는데도 내 열정은 식을 수가 없었다. 정원에 세우는 아담한 돌이 생산된다는 고장을 찾아다니면서 자연석을 구해 문패를 달려고 집안 어른들로부터 자문을 받아보니 '남선원'으로 하자는 분이 많았다.

마지막 글자인 원園자를 넣을까말까에 대한 의견이 분분했다. 왕과 왕비가 묻히면 능陵, 대군이나 공주가 묻히면 묘墓, 왕세자나 왕세자빈이 묻히면 원園이라고 한다는 말에 망설였으나 명칭이나 글자에 별다른 의미를 두지 않고 '南仙園'이라 새겨 입구에 세웠다.

이처럼 장묘문화를 개선하는데 앞장선 남선원이야말로 합리적인 신질서에 부합하면서도 엄숙한 옛 전통을 지켜갈 수 있는 묘역이라는 것을 말하고 싶다. 뭐니 뭐니 해도 다음 세대에게 제사문제로 부담주지 않으면서 진정한 효심이 저절로 우러나오도록 말이다.

남선원 2

조심이 된다. 어떻게 쓸까, 관심 있게 읽어줄까? 제목만 훑어보고 닫아 버릴 것은 아닌지. 고민에 고민을 거듭하다가 색다른 단어 하나라도 독자들에게 제공하면서 천년이 지난다 해도 변화하지 않을 것 같던 장묘문화를 모범적으로 개선하고 남선원을 조성하게 된 배경을 이야기 해볼까 한다.

2013년 3월이었다. 우리 집에는 마른하늘에 벼락이 떨어지듯 긴급한 일이 벌어졌다. 누구나 살던 집을 다짜고짜로 비워 달라면 이루 비참할 데가 없을 것이다. 처자식 주렁주렁 매달고 오만가지 세간을 이고지고 길바닥에 나앉는 설움을 당하는 그 이상의 절박함이 닥친 것이었다.

우리 집안 대대로 내려온 조상묘지가 남의 땅에 계신다니! 어느 날 느닷없이 그 산의 주인이 나타나 땅을 비워달라고 하니 기막힌 일이었다. 어떻게 이 위기를 대처할까 고민에 고민을 거듭했는데 정말이지 궁하면 통한다고 했던가. 윗대 할아버지 형제들이 토지를 매입해 둔 야산이 그 근처에 존재한다는 사실을 알게 되었다. 당장 그 땅으로 이장할 준비를 시작했다.

그렇다! 이 기회에 변화를 못하면 우리 가문은 영원히 퇴보하고 만다. 지난 날 나는 생업을 뒤로 미룬 채 묘지마다 찾아다니며 벌초하고 제사음식을 차려 제사 지내기를 근 1주일씩이나 계속했던 것이 하나의 임무였었다. 하지만 큰 폐단임을 알고 있으면서도 고칠 수가 없었다. 당장이라도 관습을 탈피하지 못하면 묘지관리는 천덕꾸러기로 전락할 수밖에 없다는 결론에 이르자 서둘 수밖에 없었다.

전에 가 본 미국 알링턴 국립묘지 역대 대통령 묘역도 1. 5평에 불과했으며 불란서 전, 대통령 드골 묘역이나 노벨문학상을 받은 까뮈의 묘역은 그야말로 서민적이었다. 나는 더 이상 미적거릴 필요가 없다는 생각이 번개처럼 스쳤다. 나도 나이지만 후손들에게 가벼운 짐으로 해서 넘겨주어야 18위 조상 제사가 엄숙하고 존경받는다는 생각으로 하청업자가 제시한 설계도면을 검토하고 계약금을 지불했다.

우리가 조상의 덕을 바라고 제사를 지내는 것은 천박한 짓이다. 내 마음속에서 우러나온 효심으로 열정을 쏟으면서 변화하는 세상을 자연스럽게 따라가야 한다는 결론에 이르자 일사천리로 일이 진행되었으며 작업 기간 내내 날씨까지 맑았다.

남선원이 위치한 내 고향 안동은 어느 곳보다 유교문화가 두껍게 남아 있어서 보수적인 동네라고 손꼽는다. 얼마 전만 해도 제사나 혼사에서 경제적 형편을 고려하지 않고 남의 이목을 살피느라 한 번 대사를 치렀다하면 기둥뿌리가 흔들릴 만큼 무리했었다.

그러나 요즘은 허례허식은 차차 간소화 되어가지만 생전 변화하지 못할 것 같은 관습들이 변화의 바람을 타고 있다는 것이다. 학자와 문인들, 의병이나 독립투사들을 수없이 배출한 이른바 추로지향이라고 지칭하는 동네라 그만큼 세상 보는 눈이 높다는 뜻도 되고 하루아침에 선뜻 그 굴레를 벗어날 수 없다는 말도 된다. 그처럼 고정되었던 장묘문화를 개선하는데 앞장섰으니 빛과 소금 역할을 한 것은 아닌지 모르겠다.

전에는 묘지가 여기저기 흩어져 있었기에 할머니 묘소를 참배해야 할지, 할아버지를 먼저 찾아뵈어야 할지 갈피를 잡지 못하고 아예 지나쳐 버렸다는 것이다. 이젠 한자리에 계시니까 오다가다 잠시 시간을 내어 들꽃 한 송이 바친다 한들 어떠랴. 어렵게 한 생을 사셨던 분들이니까 “얘야! 네가 누고?” 하시다가 “그래 이제 알겠다. 네가 날 찾아왔구나!” 하며 기뻐하시리라.

이렇게 묘지가 현대화 되고 제례문화에 변화가 온다고 해도 예부터 가가례家家禮라고 하여 남의 집 예법은 간섭하지 않는다고 했다. 남의 눈과 귀를 의식하지 말고 내 성의대로 효도를 한다면 스스로 복을 짓는 행위이다. 하지만 우리 집 전통은 따로 있다. 제사를 지낼 때나 묘소에서는 엄숙해야 함은 기본이다. 수북한 음식도 좋지만 경건한 마음이어야 한다는 것을 마음속에 담고 있다.

세상은 빠르게 변하고 있다. 의연히 새로운 변화를 따르는 것, 그것이 바로 올바른 자세라고 생각해 본다. 나는 오늘도 남선원에 가서 잡초를 뽑으면서 영혼들과 대화를 나누고 돌아왔다. "얘야! 새 집에 이사 와서 새 이불을 덮으니 무척 따듯하구나." 하시는 것 같았다.

남선원 3

한 집안의 장손이란 맏아들을 말한다. 흔히 집안의 기둥이라 하기도 하고 가문을 경영하는 책임자인데 나라의 벼슬자리도 아니면서 그보다 더 무거운 짐을 진 사람이다. 그야말로 만능의 일꾼이며 해결사가 되어야 하고 얼굴엔 늘 미소가 가득한 사람이어야 한다.

그렇다면 우리 집안 9대 장손인 내가 할 일은 무엇인가. 윗대 조상들께서 유대를 맺어 온 외가와 이웃 문중사이에 오래된 인맥을 관리해야 하고 묘지와 벌초, 유적관리 등이다. 수많은 길흉사에 참석해서는 지차들에 비해 의복도 단정해야 하고 축의금도 곱빼기로 전달하며 눈도장 찍기를 게을리 해서는 안 된다.

지난 2013년 3월에는 하늘이 무너지는 충격을 받았다. 오랜 세월 정성들여 가꿔온 내 조상묘역에 산주山主라는 사람이 찾아왔던 사건은 우리 문중의 자존심이 걸린 문제였다. 나는 백가지 업무를 밀쳐둔 채 자기네 땅이라고 우기는 산주와 교섭을 했지만 처음부터 현실과 거리가 먼 얼토당토않은 금액을 요구했기에 협상은 번번이 실패했음을 거듭 밝힌다.

대법원 판례에 의하면 묘지를 쓰고 20년이 경과하면 비록 산주일지라도 이장하라는 요구를 못하게 되어 있다. 그게 바로 '묘지관리법'인데 계란으로 바위치기였다. 흔히 종교인들은 기적을 말한다. 하지만 믿고 싶지 않았다. 그러나 곰곰 생각해보면 우리가 살아가는 모든 것이 기적이 아닐까. 아인슈타인 박사는 '기적은 언제나 일어난다고 믿는 것' 이라고 했지만 어찌 보면 우리의 삶 자체가 기적이라는 생각이 든다.

지난날 할아버지 형제들이 종반계從班契를 시작하면서 곡식 한 줌씩 모아 중개인의 말만 믿고 야산 한 자락을 구입했다고 한다. 그 즉시 다른 산에 묻혀계시던 조상묘지를 새로 구입한 땅으로 이장하고 60여년이나 제사를 지내며 정성을 쏟았다. 그러나 이제 와서 사기를 당한 것을 알게 되었다. 토지문서라고 하는 등기필증을 절대적 권리증인 줄 알고 그냥 장롱 속에 넣어 두었던 것이 화근이 되었다.

예로부터 오래된 묘지는 함부로 건드리지 않는다는 불문율이 있었다. 하지만 고정관념을 버리면서 예정에도 없던 일이라 거기에 필요한 자재는 우수한 것으로 쓰고 싶었다. 토종 잔디와 낙동강에서 실어온 모래와 자갈, 안동포, 풍산 한지, 그리고 칠성판으로 쓸 판자를 구입하여 싣고 오는 동안 내내 긴장되었다. 상주 노릇하랴 작업감독 하랴, 이렇게 큰일을 해본 경험이 없었지만 장손은 집안의 기둥이란 말처럼 초능력을 발휘하여 단기간에 말끔히 끝냈으니 기적이라 할 만 하지 않은가.

그러나 요즘 세상은 조상들 행적이 훌륭하다고 해서 집안이 잘되는 것도 아니다. 무엇보다도 후손이 못나면 문중은 하루아침에 시들고 만다는 것은 누구나 다 아는 일이 아닐까. 고인 물은 썩는다고 하는 말이 있듯이 아집을 버리고 변화하는 세상을 따라가야 만 겨우 가문의 명맥을 유지 할 수 있다는 것을 알고 있었기 때문이다.

옛 어른들은 너무나 순수한 삶을 사셨다. 토지를 구입하고 경계측량이라도 해봤더라면 그처럼 힘든 과제를 후손들에게 넘기셨을까? 머지않아 내가 죽으면 조상 발치인 남선원에 묻힐 자격이 충분한 9대 장손이니까 그때 남의 땅에 조상묘지를 들인 원인은 무엇 때문이었는지, 자세히 여쭈어 보리라.

그러면서 지게나 삼태기로 하던 일을 단시간에 굴삭기로 작업하여 발등에 떨어졌던 현안문제를 해결했다고 보고 드리리라. 이 세상에 다시 태어난다 해도 장손으로 태어나고 싶다고 미소 띠고 말씀드리리라.

독자 하나를 위해

내 손자를 위해 이 글을 쓴다. 그 아이는 이제 초등학교 4학년이지만 언젠가 철이 들면 고개를 끄덕거릴 거라는 희망을 가지고 말이다. 더러는 부동산을 물려줄 것인가, 정신적인 유산을 대물림할 것인가에 대한 논란이 인다지만 옛이야기일지라도 많은 유산이 되었으면 한다.

지난 한때 우연히 어느 대학에서 개설한 특별과정을 수강하게 되었다. 언뜻 보면 시대에 뒤진 학문이라고 대수롭지 않게 여길 수도 있는 학과이지만 강의가 계속될수록 매력에 빠져들었는데 바로 '제례지도사祭禮指導士' 과정이었다.

그 과정은 학습능력에 따라 등급을 매겨 자격증을 주었는데 일정한 기준을 통과해야 했다. 추도문, 제문, 홀기 등을 낭랑한 목소리로 읽어 내리기, 지방이나 축문, 제사상 진설하기 등이었다. 그야말로 비인기 과목인 탓에 중도 탈락자도 많았지만 나는 최선을 다했다.

그런데 원하는 자격증 급수를 얻으려면 집안의 자랑거리 써오기가 최종단계 관문이었는데 소위 말하는 논문형식의 숙제였다. "옳다 됐다" 하고 무릎을 쳤던 이유가 바로 할아버지로부터 귀가 아프게 들어온 가훈이 생각났던 것이다. 우리 가문에서는 힘들여 농사를 지어 "11개월 먹을 양식만 있으면 족하다." 라는 말을 신조처럼 품고 살았다고 한다. 1년은 열두 달인데 부족한 1개월 치 양식은 어쩌란 말인가?

그러나 조상님들의 계산은 현실과 달랐다. 배짱이가 되지 말고 열심히 일하는 개미가 되라는 말씀이었다. 땀 흘려 일해도 양식이 모자라면 형제간에 의논하여 우애있게 나누어 먹으라는 뜻이었다. 한 달 치 부족함이란 약간의 부족함인데 빈 쌀독에 더 많은 것을 채울 수 있다는 논리로 후손을 가르친 것이다.

또 다른 자랑거리는 '위기지학爲己之學'이란 단어였다. 공부는 열심히 하되 과거를 보아 벼슬하는 것이 목표가 아니었다. 인격을 수양하고 마음 닦는 것이 우리 가문의 전통이었는데 무엇 때문에 춥고 배고프다는 학문을 후손들에게 가르쳤을까?

내 18代 조상이신 정 환鄭 煥(1455년~1506년)할아버지는 병과에 급제하셨고 요즘으로 치면 판사나 검사 같은 직함을 지내다가 갑자

사화에 연루되어 귀양지에서 세상을 떠났다. 바른소리 하고 사약을 받는 일도 불사하는 기개 있는 관료라면 한 번쯤 당하는 일이라 할 수도 있겠지만 후손들에게는 치명타가 아닐 수 없어서 그 사건 이후 대대로 벼슬을 하지 말자고 다짐했다고 한다.

뼈아픈 역사가 증명하듯이 출세의 길을 넘겨다보지 않고 그저 농사에 의존하면서 자급자족으로 일관했으니 가난하게 살 수밖에 없었다. 세상을 경영할 수 있는 충분한 능력이 있었는데도 초야에 은둔하면서 가난함을 가난하다고 생각하지 않고 늘 만족하게 여기며 아이들에게 글을 가르치고 뜻이 맞는 문우와 교류하며 살아오셨다는 것이다.

그러면서 후손들이 조상을 닮아가도록 소위 말하는 밥상머리 교육을 철저히 시켰다는 것이다. 조상과 후손이 겸상을 하고 대화를 나누고 소통하며 어른들이 지시하는 내용에 한해서 따를 것이 아니라 스스로 창의적인 행동을 하도록 가르쳤다. 이것을 위기지학의 연장이라고 했다.

제례지도사 3급은 호락호락한 것은 아니었다. 아무도 관심을 갖지 않을 뿐더러 독자들이 읽어주지도 않을 것 같은 주제를 가지고 숙제를 제출한 후 가까스로 자격증을 얻을 수 있었다. 그것은 내 독창적인 아이디어와 열정을 보탠 결과이기에 출석만 하면 학점을 주는 자격증이 아니어서 모름지기 가치가 무한하지 싶었다. 이런 것을 보더라도 나야말로 정신적 부자이기에 '밀리

언' 대열에 끼일 수 있지 않은가.

그런데 요즘 우리 가문의 정서가 차츰 달라지고 있다. 출세를 하든지, 부동산이나 값비싼 유물을 물려받았더라면 졸부라도 되었을 텐데, 하면서 억울하다는 일가친척도 더러 있다고 한다.

나의 몸에는 조상의 DNA가 도도히 흐르고 있다. 그러기에 백만장자가 틀림없다. 상속세를 한 푼도 물지 않는 엄청난 유산! 우리 집 족보에 나의 직계조상이신 14代 석문石門 정영방鄭榮邦 할아버지 이력에 '爲己之學'이라고 또렷하게 기록되어 있다.

출세가 목표인 위인지학爲人之學은 억億단위 소득에 불과하다면 내 조상들께서 가르친 위기지학爲己之學은 조兆 단위를 바라볼 수 있다는 것이다. 영원히 변치 않는 빛나는 네 글자! 그것은 바로 엄청난 큰 재산이라는 것을 때가 되면 내 손자도 알게 될 것이다.

나는 등신 아니면 바보

선친께서는 81세로 운명하셨다. 우리 가문 최초로 고향집 사랑방이 아닌 종합병원 중환자실에서 별세하는 기록을 남겼는데 노환을 이기지 못한 것이 원인이었다. 백수를 넘겨야 했는데 평균수명에 미칠까말까 아쉽게 떠나신 점은 두고두고 여한으로 남게 되어 이래저래 나는 불효자식이 되고 말았다.

그러자니 비몽사몽간에 의사가 임종을, 장례지도사가 염을 하는 모습을 지켜보면서 이 세상에서 가장 슬픈 척 울었던 것이다. 내가 8남매 맏이이니 가족들이 문상객 접대를 충분히 할 수 있는데도 상조회사의 힘을 빌렸고 장례식장 상주 대기실에서 숙식을 하며 샤워까지 했으니 송구스럽기 그지없다. 삼년상내三年喪內에는 음식도 가려먹어야 하고 세수조차 못하는 것이 가문의 법도였는데 격세지감을 느낀다. 그나마 위안이 된다면 부산시내 어느 절에서 49제를 올려 극락왕생을 빌었던 일이다.

그런데 선친의 묘소를 들이고 겨우 7년이 지나 이장을 하려고 봉분을 열고 보니 물기가 조금 관 밑으로 비쳤다. 초상 때 썼던 오동나무 관은 도색조차 변하지 않았지만 서둘지 않았더라면 유골은 물기를 면하기 어려웠지 싶다. 인부들이 굵은 밧줄을 연결하고 굴삭기의 힘을 빌려 자연스럽게 잔디밭에 올려놓지만 새로운 형태의 가족묘역을 만들기 위한 갑작스런 이장이라 영혼께서 놀라시지는 않았겠지.

나는 '아이고, 아이고' 곡哭을 하면서 불효를 탓했으나 그건 말 그대로 형식적이요 마른 울음이었다. 작업인부들은 이장도 장례식이니까 영혼이 천국여행 가는데 필요한 노잣돈을 매달아 놓으란다. 얼른 지갑을 꺼내 신사임당이 그려진 지폐 몇 장을 동아줄에 끼우면서 일반실 좌석이 아닌 특실에 승차하시길 바랐다.

선친께서는 평소 입원하신 일이 없이 건강하셨다. 어느 날 높은 대청마루에서 마당으로 굴러 응급차로 실려 가 뇌수술 받았다. 하필이면 그때 당신의 둘째 손자 결혼식이 잡혀있었지만 예상하지 못한 사고로 예단으로 받은 비단두루마기를 병상에 걸어두고 하염없이 쓰다듬었다고 한다.

뒤숭숭했던 한 해가 가고 새해가 왔다. 온 가족이 한 줄로 서서 한 팀씩 차례대로 선친께 세배를 올렸을 때 그 비단두루마기를 입으시고 기뻐하셨다. 즉석에서 굵은 붓으로 신년 휘호를 써서 나누어 주셨는데 뇌진탕 수술을 받은 후유증으로 원기회복이 늦어졌는데도 붓글씨의 획은 살아 움직이는 듯 힘차고 아름다웠다.

노인의 기력이란 솟았다 잦았다 하는 법이라 봄이 오면 회복하시리라 믿었지만 그게 아니었다. 한두 순갈 미음을 겨우 넘길 정도였는데 동래온천, 해운대온천으로 모시면서 쇠약한 몸을 풀어드리려고 나름대로 애를 썼다. 그런데 나들이도 싫으니 아랫목에 있게 해 달라고 하셨다. 나는 아버지의 말씀이 비용이 아까워 그러시는 줄 알고 성한 사람처럼 모시고 다녔다.

그러다가 달포가 지났을까. 영영 돌아올 수 없는 먼 곳으로 떠나시고 말았다. 이제 와서 생각해보니 나의 무턱 댄 효도가 슬픔을 앞당겼던 것은 아니었는지. 여하튼 나란 인간은 노인의 입장을 이해 못한 등신이요 불효를 저지른 바보란 생각이 든다.

이번에 새로운 가족 묘지로 이장하면서 모든 회한이 겹쳐지는 순간에 관을 부여잡고 오열했다. 이장으로 인한 어떤 불편 때문이 아니고 살아계실 때 잘해드리지 못한 후회 때문이리라. 등신 아니면 바보에 해당되는 나의 불효를 자책하면서 소리 내어 울었다. 영영 못 뵈올 줄 알았는데 극락과 현실의 경계선에서 슬픔이 새삼 복받쳤던 것이다.

식은 죽 먹기

나는 어른들의 말을 믿어왔다. 동지 팥죽 속에 든 새알심을 먹으면 그 숫자만큼이나 한 살씩 더 먹는다는 것 말이다. 코 흘리게 시절에는 한 알이라도 더 먹고 하루 빨리 어른이 되기를 기다렸다. 그러나 언제부터인가 나이 듦이 점점 싫어져서 어른들이 말해준 새알의 의미를 믿지 않았다.

하기야 이래저래 청년시절은 눈 깜짝할 사이에 지나가 버렸다. 뿐이겠는가. 팥죽사발을 해마다 비워버린 탓인지 험난하다는 인생 육십 고개도 언제 넘었던가 싶을 정도로 쏜살같이 흘러가 버렸다. 그것으로 인해 돌이킬 수 없는 불이익을 당한 것 같아 이젠 죽사발을 거들떠보기도 싫어졌다.

그러다보니 어영부영 해마다 돌아오는 생일의 축복을 받는다 해도 기쁨보다 솔직히 말해서 도살장으로 들어가는 소의 심정이 이럴까 싶어진다. 스르르 나이 먹음에 대한 불만이 치밀어 오르기 때문이고 손아래 젊은 분들을 대할 때마다 이글이글 피어오르는 열정이 몹시 부러워서 나도 언제 그런 시절이 있었던가 싶었기 때문이다.

나는 1943년생이다. 뒤돌아보기도 싫은 연륜에 이르러서 왜 그렇게 나이를 먹었느냐고 묻는 분이 계신다면 해마다 돌아오는 동지 팥죽을 두세 그릇씩 비운 탓이라고 병명하고 싶다. 실제 내 나이와 호적상 나이는 두 살 차이가 난다. 내 친구들은 실제 내 나이를 믿으려하지 않는다. 그럴 때마다 주민등록증을 보자고 조른다. 딱하기 그지없었다.

내가 워낙 못난 사람이니까 나잇값을 할 만한 신뢰도가 부족한 탓도 있었겠지만 그것은 어쩔 수 없는 나의 현실이었다. 내가 회사를 경영할 때는 실제 나이는 중요하지 않아 뒤로 밀려나 있었다. 자동차 면허증, 사업자등록증, 부동산 등기부 등본은 물론 병역관계 같은 공식적인 기록에는 두 살 적은 나이가 분위기를 압도했다. 두 살 적게 호적에 등재된 덕을 톡톡히 보았던 것이다.

지난날 내가 태어날 무렵 우리 집 분위기를 이야기를 한다면 나의 아버지는 일본 오사카에 가서 5년제 중학교를 다녔다. 그때 완고한 할아버지의 성화에 못 이겨 교복차림으로 장가를 들었다고 한다. 신랑은 겨우 16세 때 결혼했고, 이듬해 17세가 되자마자 내가 태어났다는 것이다. 스무 살도 못 된 열일곱 까까머리 새신랑이 아들을 두었다고 사방에서 놀렸기에 얼마나 부끄러웠겠는가. 그 바람에 두 살 늦춰 고의적으로 호적신고를 했는데 면사무소 서기로 근무할 때였으니까 글자 몇 자를 더 쓰고 덜 적는 것쯤은 식은 죽 먹기 보다 더 쉬웠다는 것이다.

그렇다면 두 살 적은 나이로 인해 덕을 본 사례는 특별하다. 두서너 살 아래인 후배들과 군복무를 함께 했었으니 그들의 젊음과 용기는 물론 싱싱한 에너지가 옮겨온 것이다. 그것이 삶의 원동력이 될 수밖에 없었다. 그뿐 아니다. 주민등록 등본을 첨부하여 시효가 넘지 않았음을 증명하며 상대와 겨루는 이런저런 선거전에 출마를 했을 때 큰 행운이 따랐다는 것은 말할 나위도 없다.

이나 저나 실제 나이는 나이이기에 뒷방 늙은이가 아님을 보여주어야 한다. 이웃과 친구를 위해 무엇을 해야 할 것인가를 생각해 보아야 하고 100세 시대를 맞아 얼마까지 살다 죽을지는 예측할 수 없지만 좋은 일 많이 한 사람으로 기억되어야 한다.

이처럼 나잇값을 하려고 단단히 벼르다보니 가는 세월은 나를 기다려 주지 않더란 글귀가 떠오르기도 한다. 그래! 식은 죽 먹기보다 더 쉬운 것이 나이 먹는 것임을 이제부터 실감하고 있다. 호적에 기록된 나이로 두 살 적게 살고 싶다.

9월이 오면

올해는 백로白露와 추석이 같은 날이다. 여느 해 같으면 보름 간격은 있게 마련인데 어쩐지 부채를 손에서 놓을 수가 없다. 이때부터 삽상한 바람에다 이슬까지 내리는 계절이라고 했는데 초가을 낭만의 기쁨조차 맛볼 겨를도 없이 바빠지는 이유가 있다. 늦더위를 헤치면서 할아버지 할머니 묘소에 벌초를 시작해야 하기 때문이다.

나는 선진국을 여행하면서 무엇이라도 하나쯤 건져보려고 이리 저리 살피면서 다녔다. 그러다가 다른 사람들은 거들떠보지도 않는 그 나라의 묘지문화를 체험하고 깊은 감동을 받았다. 언젠가는 우리도 그들처럼 변해야 한다는 것을 진작부터 머릿속에 넣어두었던 터다. 가만히 살펴보니 서양 사람이라고 해서 조상숭배를 하지 않는 것도 아니었다. 우리처럼 왕릉을 본 따 넓고 크게 봉분을 만든 것은 아니었지만 사람 사는 동네 한 복판에 묘지를 들이고 아담한 비석을 세워 오다가다 틈만 나면 입은 옷 그대로 꽃 한 송이 바치고 추모하는 것이었다.

우리는 부모 묘지에도 귀신이 나올 수 있다고 거리감을 두기도 한다. 살아계실 때는 존경스럽고 인자한 할아버지 할머니였지만 돌아가신 다음에는 혐오스럽다는 생각을 하면서 접근 자체를 꺼려했다고 한다. 그런데 최근에 와서 어떻게 하면 벌초나 제사가 부담스럽지 않고 진정한 효심에서 우러난 봉사奉祀를 할 수 있을까 고민하기 시작했다.

나는 해마다 벌초를 시작하면서 사명감보다 걱정이 앞섰다. 거기다가 봉사하는 윗수가 다른 가문에 비해 봉분이 많을 뿐더러 이 골짝 저 골짝을 오르내리며 며칠간 작업을 계속해야 했기 때문이다. 벌초란 후손들이 모여 협동정신을 발휘해야 하는데 인원은 턱없이 부족하고 도시로 나간 청년세대들이 참여하는 경우도 드물었다. 대부분 환갑을 넘긴 분들이 전담하지 않으면 언젠가는 잡초 밭으로 변할 수도 있다는 것도 수긍하고 있었지만 별 도리가 없었다.

벌초 작업에 참여했던 분들은 다음 날 병원신세를 지거나 파스를 붙였다는 후문이다. 미안하기 짝이 없었다. 젊은 세대로서 함께할 대상자가 더러 있었지만 온갖 이유를 대며 얼굴을 내밀지 않는 것이 요즘 세태이므로 전문 업자에게 하청을 주기 시작했다. 그러나 비용 또한 만만찮았다. 조상묘지에서 진심어린 작업이 아닐 바에야 한 자리로 모시기로 계획했다. 그렇게 해서라도 9월의 고민을 해결하겠다는 것이 나의 생각이었는데 드디어 현실로 이루어졌다.

새로 옮긴 묘역은 그리 넓지 않아 내 서툰 솜씨에다 맏아들이 서울에서 내려온다면 우리 부자가 한나절이면 해결할 수 있다. 그러자니 묘역의 영혼들께서도 어설프게나마 낫질하는 모습을 보고 화로 가에 아이를 둔 것처럼 불안해 하시다가도 도리어 기뻐하실 것 같았기 때문이다.

이처럼 우리는 묘지의 넓이와 봉분의 높이에 따라 효도를 잘한다고 믿었다. 하지만 선진국은 집 가까이 두면서 생활화한다는 점이 우리와 달랐다. 그래도 그들은 온갖 축복을 조상들로부터 다 받고 있었고 효심도 깊어 동서양이 다를 바 없다는 것을 알게 되었다.

조상선영을 새로 꾸미느라고 골몰한 나머지 몸살을 앓아 드러

눕기까지 한 내 꼴을 보고 "복 받을 것이다…" 라는 사람이 더러 있긴 있었다. 내가 조금 노력하고 희생하면 여러 사람들의 부담이 줄어들겠지. 그럼 나도 복 받을 자격이 있겠구나, 그런 생각을 해보는 9월이다.

월삼성越三姓의 법칙

월삼성越三姓이라! 국어사전을 찾아보아도 세 글자는 보이지 않았다. 옥편을 펼쳐 한문 글자를 한자 한자 찾아보았더니 넘을 월越, 세 가지 삼三, 성씨 성姓이라고 적혀 있었다. 결론부터 말하자면 한 집안에서 며느리를 맞아올 때 상대방 성씨를 골라서 신부를 맞아온다는 뜻이었다.

예를 들면 우리 가문은 그리 내놓을 만한 업적은 없지만 대대로 월삼성에 맞는 혼인을 했다고 한다. 그런 연유인지 양식이 모자라 이웃에 꾸러 다녔던 적도 없었고 내 손으로 편지글을 썼고 받은 편지도 이해할 수 있었다는 것이다. 그저 넘치지도 모자람도 없는 자급자족에다 그럭저럭 문맹을 면했던 내 조상들이 존경스럽기 그지없다.

좀 더 구체적으로 말하자면 내 맏며느리는 창영조曺씨이고 아내는 능성구具씨이다. 그리고 어머니는 전주류柳씨, 조모는 안동권權씨, 증조모는 풍산류柳씨이다. 이렇게 몇 대를 내려오면서 주부들의 성씨가 겹치지 않았다. 그것은 윤리적으로 건강한 혼인을 하기 위함이고 생물학적으로도 우성의 법칙에 따른 결합이었다. 아득한 그 시절부터 건강한 후손을 얻어 보자는 것이 목적이었다고 하니 실로 존경스럽다.

우리는 훌륭한 유전인자를 개발하고 좀 더 윤택한 삶을 살기 위해 불철주야 실험실의 불빛이 꺼지지 않았다고 한다. 얼마 전까지만 해도 식량 부족으로 굶기를 밥 먹듯 했는데 통일벼라는 볍씨를 연구한 이후부터는 쌀 생산량이 엄청나게 증가하여 식량난을 해결하게 된 것만 보아도 알만하다.

육종학자 우장춘 박사는 씨 없는 수박을 만들어 냈고, 수산업 업계에서도 잡는 어업에서 기르는 산업으로 발전시켜 우리의 식탁을 풍성하게 했다는 것이다. 이렇게 훌륭한 연구 실적으로 어렵던 삶을 한 단계 향상시켰다는 것이다. 내 조상들도 고만고만한 인물이 태어나기를 바라면서 장가시집 보낼 때 가릴 것은 가렸다는 뜻인데 이 모두가 월삼성의 뜻과 같지 싶다.

그도 그럴 것이 할머니들께서 순박하고 정직한 양질의 유전인자를 가득 담아 우리 집으로 시집 오셨기에 세상을 내다볼 줄 아는 혼인이었다. 이야말로 우성과 열성을 과학적으로 확인한 증거인데 확실한 씨앗을 토질이 좋은 밭에 심는다면 열성劣性인자는 퇴화하고 우성優性의 우수한 형질만이 대물림 된다는 그런 원리가 아니겠는가.

어려운 환경에서 힘들게 살아오시면서 하나의 목표를 두고 산다는 것은 아름다운 삶이었다. 현실은 다소 마음먹은 대로 성취할 수 없다하겠지만 얼마나 가치있는 삶을 사셨던가.

내 핏속에는 통일벼의 특성이나 씨 없는 수박 같은 양질의 유전인자가 흐르고 있는 것은 아닌지 모르겠다. 그런데 훌륭한 피를 받았다고 해서 나 자신이 스스로 노력하지 않으면 언젠가 퇴화하고 말 것이다. 양질의 묘목일지라도 물과 거름을 충분히 주어야만이 바라는 대로 이루어지지 않겠는가.

월삼성이라! 아름다운 사회를 만들면서 굵고 향기 짙은 열매의 결실을 위해 노력한 옛 선인들의 삶이 새삼 돋보인다. 이렇게 큼직한 그릇을 물려받았으니 더 열심히 퍼 담으리라.

제5부

동그스름하게

동그스름하게

산장에서의 하룻밤, 그날 밤은 참으로 아름다웠다. 깊은 산골짜기, 내 존경하는 Y선배의 펜션에서였다. 도회의 답답함을 떠나 가끔 그런 일탈을 하는 것도 미상불 의미있는 일이 아닐까 싶었다.

마침 소한 추위가 기승을 부리던 겨울밤이었다. 바깥에는 나목들이 저무는 동천冬天을 배경으로 떨고 있는데 벽난로에는 장작이 활활 타고 있었다. 그 열기로 넓은 실내는 훈훈해서 시베리아 전나무 숲속의 어느 통나무집에 있는 것이 아닐까 하는 착각이 들었다. 식사 후의 따끈한 차와 붉은 와인이 그 밤의 정취를 더 진하게 해주었다.

우리는 방안의 등을 끄고 벽난로에서 새어나오는 은은한 불빛을 배경삼아 노래를 불렀다. 동행했던 B교수는 컨트리 송을 부르고 Y선배 부인은 그윽한 목소리로 성탄 캐럴을 노래했다. 캐럴은 크리스마스 때나 부르는 것인 줄 알았는데 언제 어디서도 아름답고 성스럽다는 걸 알게 되는 순간이었다.

모처럼 아름답고 로맨틱한 밤이었다. 아름다움을 넘어서 값지고 유익한 밤이었다고나 할까. 신통한 보약보다 나은 정신적 보약을 먹는 기분이었다. 그 자리의 주인이었던 Y선배의 유머러스하고도 함축성 있는 얘기 한마디 한마디가 그랬다.

모든 사람에게는 여러 측면의 '나'가 있다. 그건 개인으로서의 나, 그리고 사회에서의 나, 라는 것이다. 그런 '나'들이 제각기 올바른 구실을 할 적에는 그것들이 하나의 둥그러미를 만들어 그 사람의 인격은 글자 그대로 원만圓滿하고 둥그스름하게 된다고 한다.

하지만 사람에 따라서 여러 가지의 '나'중의 하나가 미흡한 경우가 있다. 이를테면 사회적으로는 유능하고 인기도 좋은데 가정으로 돌아오면 형편없는 폭군으로 변하는 사람이 있다. 반대로 바깥에 나가서는 갖은 악행을 자행하다가 가정에서는 자상한 아버지의 면모를 갖춘 사람도 없지 않다.

나치 독일시대의 저 소름 끼치는 아우슈비츠 수용소에서 유태인들을 의학실험의 대상으로 삼아 하루에도 수많은 사람에게 생체실험을 한 군의관이 있었다. 유태인들을 실험대에 눕히고 산

채로 배를 갈라 내장을 꺼내고 이빨에 구멍을 뚫기도 하는 등 악마와 같은 짓을 서슴지 않았다는 것이다.

그가 일과를 마치고 집으로 돌아오면 누구보다도 부드럽고 착한 남편이요 아버지였다. 유태인을 생체실험으로 죽일 때는 눈 하나 깜짝하지 않았는데 어린 딸이 병에 걸려 심하게 앓을 때는 눈물을 흘리며 괴로워했다고 한다. 사람이 나 홀로 있을 때의 나와 군중속의 내가 다르다면 그의 인격이 온전하다거나 진정 원만한 인간일 수가 없다는 말이다.

하나의 인격이 보름달처럼 둥글려면 어느 곳이 이지러지거나 모가 나서는 안 된다. 사회에서는 원만해도 가정에서 찌그러지게 되면 그 원圓은 못 쓰게 된 둥그러미가 아닐까?

옛 성현들이 '신독愼獨'이란 단어를 매우 중요한 덕목으로 삼았던 것도 그 때문이다. 홀로 있을 때도 항상 삼가고 조심하라는 가르침이 바로 '신독' 이다. 군자는 혼자거나 말거나 언제나 몸가짐이 바른데 소인배는 혼자 있게 되면 남이 안보는 것을 기화로 걸핏하면 못된 짓을 하려 든다.

요컨대 사람의 인격은 둥그스름해야 한다. 개인이거나 또는 가정과 사회에서의 자아自我가 다 결함이 없어 전체로서의 '내'가 보름달처럼 둥글고 원만한 '나'말이다. 그런데 나는 어떤가. 과연 나의 동그라미는 얼마나 둥글까? 달항아리처럼 이지러짐이 없을까? 아니면 강아지가 베어 먹은 흰 떡처럼 한쪽이 이지러진 못생긴 둥그러미는 아닐까.

어느 한 군데가 쑥 들어간 불구의 원이라면 그게 나에게서 비롯된 문제는 아닌지. 혼자 있다는 것을 핑계로 좋지 못한 일에 휩쓸리는 소인배는 아니었던지. 사회에서는 멀쩡해도 가정에서는 독선적일 때는 없었던지? 오늘따라 의문점이 유달리 많아지는 것은 무엇 때문인지 모르겠다.

펜션에서 아름다운 밤을 보내고 이튿날 집으로 돌아오는 길에 내내 나의 인격에 대한 동그라미를 상상해 봤다. 모쪼록 나란 존재가 어둡고 못난 초승달이 아니라 둥글고 훤한 보름달이고 싶었다. 내 인격체의 동그라미를 깊이 생각하게 했던 산장의 하룻밤은 그래서 더 없이 값진 체험이었다.

초혼招魂

그날은 슬픈 날이었다. 흔히 생자필멸生者必滅이요 회자정리會者定離를 말하지만 그것은 너무나도 허무하고 안타까운 죽음이었다. 한창 나이에 대통령을 역임하고 퇴임해서는 고향으로 낙향하여 농촌을 위해 역동적으로 일하려던 인물이 아닌가.

2009년 5월 29일은 고 노무현 전 대통령의 국민장이 거행되는 날이었기 때문이다. 나는 행정안전부 이달곤 장관으로부터 영결식에 참석해 달라는 초청장을 받고 서울 경복궁 영결식장으로 가는 대절버스에 앉아 눈을 감은 채 고인의 명복을 빌었다.

내가 검은 정장차림으로 집을 나선 것이 새벽 두시였다. 가까스로 봉하 마을입구에 이르자 "바보 대통령 편히 가십시오." 라는 플래카드가 길가에 수없이 걸려 있었다. 한참을 걸어서 우리가 마을 중심에 도착하자마자 발인제에 참석할 겨를도 없이 국민장위원회가 배부하는 비표와 명찰을 받고 정부에서 내준 관광버스에 올라 서울로 향했다. 영결식장에 시간을 대어 가야하기 때문에 의전 담당관이 나눠 준 도시락을 먹는 둥 마는 둥 아침을 때웠다.

그는 가난한 농민의 아들로 태어나 정상의 자리에 올랐던 인물로 학벌과 권위의 벽에 도전했던 용기 있는 분, 부산상업고등학교 동문으로 어떨 땐 어깨동무까지 했던 인연, 한때는 부산시 남천동 비치아파트에서 한 동네주민으로 살았는데 어찌 마지막 가는 길에 배웅을 안할 수가 있겠는가.

우리 일행이 경복궁 주차장에 도착했을 때는 오전 열시가 조금 넘어있었다. 비표 검사와 출입문 통과 절차를 마치고 지정석에 앉자마자 개회식을 알리는 군악대의 구슬픈 조곡이 흘러 나왔다. 그 소리는 영혼이 이승을 하직하면 부르는 초혼의 노래였기에 구슬프고도 처량했다.

식순에 따라 묵념을 올렸다. 여기저기서 흐느끼는 소리가 들린다. 이어서 집행위원이 약력을 보고하면서 "부산상업고등학교를 졸업하고…"라는 대목에서 알지 못할 전율 같은 것을 느꼈다. 대학도 못 다닌 주제에… 라는 조롱과 멸시를 견뎌내기가 얼마나 힘들었을까?

고인과 동질감을 느끼면서 대리만족이랄까, 나를 위해 속 시원히 한 풀이를 해준 분, 그분의 철학, 인생관 세계관을 충분히 이해할 수 있어서 머리 숙여 감사하고 싶었다. 가난한 농촌출신이 최고학부를 나온 후보를 당당하게 제압하고 대권을 장악하던 순간, 감동과 감격에 느낄 감感자를 가슴에 안고 환호하지 않을 수 없었다.

이번 국장을 치르는 동안 TV에서는 정규방송을 중지하고 하루 종일 국민장에 관한 뉴스만 편성했다고 한다. 경복궁 앞뜰의 영결식장에서 스물 한발의 예포가 울려 퍼지는 동안 한 초로의 조문객이 안경 밑으로 손수건으로 흐르는 눈물을 닦는 장면이 TV화면에 클로즈업 되었다. 그 사람이 바로 나였다고 하지만 나도 모르는 사이에 카메라에 찍혔지 싶다.

영결식을 마친 운구행렬은 조문객과 이별을 하느라 해가 지고서야 수원시 '연화원' 화장장에 도착했었다. 거기서도 이런 저런 절차로 시간을 끄는 통에 우리는 구내식당에서 식사를 하게 됐는데 전직 국무총리, 국무위원, TV에서나 얼굴을 보았던 국회의원들과 마주앉아 저녁을 먹게 됐다. 그런데 식사를 마치고 빈 그릇을 그대로 둔 채 자리를 떠나려는 순간 "아뿔싸!" 그분들은 식판을 들고 반납창구로 걸어가는 것이 아닌가. 그런 분들이 줄을 서서 빈 그릇을 반납하는 모습은 감동적이었다.

새벽부터 밤늦게까지 부산과 서울을 오가며 국장에 참석하기 위해 걸린 시간이 무려 26시간이었다. 정토원이란 작은 암자에 위패를 안치한 다음 집으로 돌아오려고 부산시내로 들어올 때 어둠에 쌓인 하늘을 바라봤다.

초혼招魂! 별똥별 하나가 길게 꼬리를 물고 서녘하늘로 사라지고 있었다. 그 별이 고故, 노무현 전 대통령의 별이었을까? 종종걸음을 치던 별똥별이 사라져 간 하늘 끝을 바라보았다. 이마에 손을 얹고 망연히 바라보았다.

생각 바꾸기

녹음이 짙어 간다. 동장군이 기승을 부리던 것이 바로 엊그제 같은데 벌써 웃통을 벗어젖히게 하는 계절이라니! 이런 화사한 계절에 캄보디아로 깃발을 든 가이드를 따라다니는 여행을 다녀왔다. 떠나기 전에 한국인에게 친밀감을 주며 불가사의한 나라라는 것만 알고 앙코르와트 공항에 내렸다.

초행이라 눈여겨보아야 할 것은 어떤 것들인지 하나하나 살펴보겠다는 생각을 하면서 먼저 이 나라의 젖줄이라는 커다란 톤레삽으로 향했다. 흐린 물속에서 독사나 악어가 금방이라도 와

락 대들 것 같은 낯선 풍광에 긴장하고 만다. 안내자가 강기슭에 매단 조그만 배 위로 오르라고 하는데도 주저주저해 진다. 조그만 배들은 저울에 얹는다 해도 제값 받기 힘들 것 같은 낡은 배이지만 호화유람선을 탄 기분으로 좌석에 앉았다.

맨발의 아이들이 우르르 몰려와서 "원 달러!"를 외치며 고사리 손을 내민다. 그런데 이상하다. 가이드가 그들에겐 동정을 베풀지 말라고 당부 한다. 그러나 아무리 현지 사정이 밝은 사람의 부탁일지라도 천진난만한 미소를 머금고 따라다니는 그들을 못 본 체하려니 좀처럼 발걸음이 떨어지지 않는다.

그 배는 생긴 몰골처럼 꽤나 요란한 굉음을 내지른다. 단번에 강심을 가르는 속도는 '뚝배기 보담 장맛'이란 속담이 절로 생각나게 한다. 웃통을 벗어던진 아이들과 황톳물, 그리고 가난을 밥 먹듯 하면서도 이방인을 백년지기처럼 반기는 그들의 마음씨! 가무잡잡한 얼굴에서 피어나는 미소는 무척 푸근해 보여 사람 사는 곳이란 어디를 가든 다 같은 모양이다.

그러나 부지런히 일하는 모습은 보이지 않는다. 놀고먹으면서도 행복지수가 세계 3위에 해당된다니 놀랍다. 못사는 나라의 국민이라고 업신여길 뻔했는데 이번 여행길을 그런 생각을 바꾸는 계기가 되었다. 항상 만나는 등산모임, 동기회, 친목계모임보다는 새로운 사람을 만나고 그들의 생활환경과 그들의 이야기를 들을 수 있어야 삶의 질이 건강해진다는 말을 들었기 때문이다.

귀족여행 코스라는 서유럽이나 미주지역이 아닌 헐벗고 못사는 나라를 택했기 때문에 묵은 생각으로 꽉 막혀 천년이 가도 변화하지 못할 것 같던 내 생각이 조금씩 달라지는 느낌이었다.

캄보디아는 비록 궁핍한 생활을 한다고 할지언정 오염되지 않은 무한한 자연을 가진 것이 더 값지게 보인다. 강인지 바다인지 무한정 넓고 수량이 풍부해서인지 그들의 인상은 퍽이나 밝아서 나그네 마음을 넉넉하게 한다. 우선은 개발이 늦어 미개발도상국으로 분류되겠지만 그들의 앞날은 해맑은 미소만큼이나 희망차 보인다. 신발은 신어도 좋고 벗어도 그만이고 티셔츠 하나만으로 사철을 넘길 수 있다니 누군들 아옹다옹 돈 벌려고 애쓸 것인가.

우리는 앙코르와트를 관광하면서 이런 곳에 그토록 엄청난 유적지가 존재한다는 것이 놀라웠다. 인간의 경지인지 신의 세계인지 알지 못할 구조물 앞에서 어떤 경외심이랄까, 감동이 가슴 벅찰 뿐이다. 불가사의란 말이 어떤 것인지 새삼 절감하는 순간이었다. 인간의 삶과 죽음을 모두 신에게 바쳐 이뤄 낸 열정의 산물이지 싶었다.

그처럼 찬란한 문화유산을 물려받은 민족이지만 외침과 내전으로 국민생활은 말이 아니다. 엎친 데 덮친 격으로 베트남 전쟁의 불똥이 튀어 수많은 생목숨을 잃는 불행을 겪었다고 한다. 고래싸움에 새우 등 터진다는 속담처럼, 베트남 공산화 과정에 생겨난 무장한 정치조직 크메르루지가 중심이 되어 무려 2백만 여 명의 국민을 죽음으로 몰고 간 것이 이른바 킬링필드의 비극이라니….

그런 아픈 역사를 품고 있으면서도 국민들의 행복지수가 어떤 선진국보다 높다는 것이 또 하나의 불가사의라면 불가사의가 아닐까. 그들보다 더 많이 가져 윤택한 삶이라고 자부하는 우리들 - 적게 가진 그들의 즐거움이나 행복감에 못 미친다는 것을 알게 되었다.

이번에 캄보디아로 싸구려 여행을 했지만 못 사는 나라로 다녀봐야 편견을 바꿀 수 있다는 것을 깨닫는 순간이었다. 생각을 바꾼 여행, 그 얼마나 의미 깊은 여행인가.

여유에 멋을 더하면

꽃이란 단순히 아름다운 것만이 아니다. 봄에 싹트고 여름에는 초록 잎을 매단 전성기가 있다. 그러다가 열매를 맺고 화려한 단풍으로 물드는 걸 봐도 사계절이 뚜렷한 자연이란 우리의 삶에 교훈을 준다.

그러고 보니 내 주위에는 시든 꽃 같은 퇴직자가 부쩍 많아졌다. 평생 동안 제 시간에 출근하며 와이셔츠에 넥타이를 맨 직장의 꽃이었는데 어느 날부터 일자리를 떠나면서 단풍처럼 시들고 말았다. 나도 사업체를 직원들께 물려주고 은퇴했으니 열정적이었던 지난날을 추억하며 마음속의 낙엽을 쓸고 있는 시간이 길어지긴 마찬가지다.

사실 청년시절은 꽃의 의미를 생각해 볼 여유조차 없었다. 하지만 지금은 그동안 지친 심신을 추스른다는 생각으로 풍광 좋은 곳을 찾아 여행도 하면서 별미를 맛보기도 한다. 어떤 날은 노래방에 가서 흥겹게 신명을 풀면서 처져버린 어깨를 조금이나마 구름 위로 올려보려고 노력한다. 그런데 어떤 친구는 우울하고 궁상맞은 노래를 선곡해서 초상집 분위기로 맥을 빼 놓으니 흥도 사그라지고 만다.

느릿느릿한 곡조를 듣다보면 스트레스를 풀러간 것이 되레 천근만근 가슴만 답답해지고 만다. 그럴 때마다 템포가 빠르고 노랫말이 시원시원한 곡을 골라서 일방적으로 기계의 버튼을 눌러버렸기 때문에 나는 노래방 폭군으로 불리게 되었다.

얼마 전에는 친구들과 어울려 인심 좋은 전라남도 쪽으로 여행을 다녀왔다. 스윙과 재즈가 든 CD를 하나 챙겨서 내 차에 장착하고 떠났는데 언젠가 스페인에 갔다가 기념으로 사온 것이다. 경쾌한 음악을 들으며 분위기를 바꿔보니 지친 피로가 눈 녹듯 사라지면서 한결 로맨틱해졌었다. 어찌 보면 참으로 단순한 일 같지만 삶의 기본은 늘 이렇게 개선한다면 에너지가 저절로 솟아나지 싶었다.

우리는 콧노래를 흥얼대며 어느 한옥 마을을 찾아갔다. 이끼

낀 기와지붕하며 자연석으로 구불구불하게 쌓은 담장 길은 지난날 한 시대를 풍미했던 마을 사람들의 여유로움을 느낄 수 있었다. 그 분위기에 도취한 관광객들이 천천히 걸어가며 행복해 하는 모습들도 참으로 아름다웠다. 우리가 현역이었을 때는 이런 멋진 곳이 어디에 존재했는지, 헤쳐나가기 힘든 인생 사느라 찾아올 수 없었지만 오늘은 이 길의 주인공이 되었다.

문득 토끼와 거북이의 우화가 떠올랐다. 토끼가 거북이에게 뒤처진다는 것은 동화 속의 이야기일 뿐이라며 웃어넘겼지만 그래도 토끼는 토끼이니 토끼처럼 행세하면서 늘 1등을 꿈꾸면서 밤낮을 모르고 뛰었던 때를 반추해 본 것이다.

그런 삶이 과연 행복했던가? 친구들과 어울려 여가도 챙기고 최신형 스마트폰을 구입하여 카카오톡으로 사진도 보내고 스포츠 중계도 시청해야겠다고 다짐한 여행길이었다. 생각을 밝게 하고 경쾌한 노래를 불렀기 때문인지 무겁던 마음이 한결 가벼워져서 일정을 하루 더 연장하기로 했더니 입은 귓가에 걸린다.

우리는 희망찬 일출을 좋아해야 한다. 늦은 밤하늘 달을 보면서 서글퍼하는 은퇴자에서 머물러서는 안 된다고 파이팅을 외친다. 사실 해돋이라면 내가 사는 부산 광안대교 근처가 제격이겠지만 아침 해가 힘차게 떠오른다는 여수 향일암向日庵으로 가잔다. 거기서 새벽 공기를 마시며 이글거리는 불덩이를 만나자고 의견이 모아지며 아이처럼 만족해하는 모습이란 우주의 한 구석을 차지한 정복자가 이와 다르랴 싶었다.

그러면서 호세 카레라스가 열창하는 베사메무쵸를 함께 불렀다. 흥겹고 열정적인 노래를 부르면서 손뼉을 치는 만큼 우리들의 삶도 신나게 달려가리라. 노랫말처럼 예쁜 여인이 꽃다발 세례를 퍼붓는다 해도 싫다고 할 친구는 일행 중에는 아무도 없지 않은가. 무슨 일이라도 해 낼 수 있는 자신감에다 여유에 멋까지 더하면서 말이다. "베사메, 베사메무쵸…"

일상

아침에 일어나면 반가운 것이 조간신문이다. 신문지를 넘길 때마다 퍼지는 잉크냄새, 옥수수 알갱이처럼 알알이 박혀있는 갖가지 정보… 정말이지 식사는 건너뛰어도 신문을 안보고는 하루도 견디기 힘들다는 생각이 든다. 이것은 곧 나의 일상이고 하루의 시작이다.

며칠 전의 일이다. 그날은 얼마나 흐뭇한 얘기를 읽었는지 소년처럼 기쁜 마음으로 하루를 보냈다. 아프리카의 가난한 나라 수단에서 원주민을 위하여 병원과 학교를 지어 환자를 진료하며 불우한 아이들을 가르치다가 비명에 작고하신 이태석 신부님의 이야기 말이다. 앞길이 보장된 의사였음에도 모든 걸 뒤로 한 채 그들에게 달려가 젊음을 불사르다 꽃처럼 져간 분!

하지만 우울한 기사로 하루를 망치는 날이 많다. 매일 매일 배달되는 신문속 기사가 그처럼 흐뭇하고 감동적인 것만은 아니다. 오히려 희망적인 것보다 이건 아니다 싶은 충격적인 기사로 도배질되어 있기 일쑤다. 부정과 부패, 불효에다 불륜으로 시궁창처럼 썩어가는 우리사회의 진면목인 것처럼 보도되었을 때는 읽던 신문을 덮어버릴 때가 한두 번이 아니었다.

그런 날은 시큰둥한 표정으로 아침운동을 나선다. 때마침 목욕탕에 딸린 헬스장이 쉬는 날이라 집 근처 광안리 바닷가를 걷고 뛰다가 동해 너머 망망한 수평선에다 시선을 고정시킨다. 신선한 공기를 폐부 깊숙이 들여 마시며 맨손체조를 시작할 때였다.

십대 후반으로 보이는 남학생 서너 명이 입에 담지 못할 욕설을 내뱉으면서 내 옆을 지나갔다. 아침 해도 떠오르지 않은 이른 시간에 벌어진 한심한 일이어서 멍하니 바라볼 뿐이었다. 저네들이 교실에서 선생님께 욕설을 하며 대항한다는 막가파 학생들이 아닐까하는 생각이 들어 그들과 거리감을 둘 수밖에 없었다.

문득 고등학교 체육교사로 정년퇴직한 후배 한 사람이 떠올랐다. 그를 만나면 교직자로서 책무를 다하지 못해 부끄럽다는 말을 하곤 했다. 교사가 되기 전부터 국가대표 테니스 선수로 뛰었던 전력 때문인지 학생들을 선도하는 훈육주임은 물론 담임까지 겸했다는 것이다. 그러자니 망나니처럼 막되 먹은 아이들을 지도하는 일에는 다른 과목 선생님보다 늘 앞장섰다는 것이다.

그런 아이들을 교직자 한 둘로서는 바로 잡기란 힘이 드는 이유가 있는데 예의염치만큼은 부모들이 밥상머리에서 어느 정도 가르쳐야 할 때 가르치지 않아 그렇다는 것이다. 부모들은 오히려 자기 자식들의 기를 살린다며 막되 먹은 패륜아로 키워놓고서도 누구의 잘못인지도 잘 모른다고 개탄했다.

어떤 때는 말썽부리는 학생들을 데리고 K리그 경기장으로 가기도 했고 체육회에 문의하여 비인기 종목의 입장권을 얻어서 스탠드 한쪽에 자리를 잡고 목청껏 고함을 지르며 응원가를 함께 불렀다는 것이다. 어느 날은 <울지마 톤즈> 영화를 단체관람하고 왔더니 학생들의 정서도 달라지면서 의외로 더 잘 따르더란 이야기다.

이런 방법은 상대에게 신뢰감도 주고 지나친 열정을 풀어준다는 뜻이어서 진심어린 대우에 더 가까이 다가왔다는 것이다. 교사는 어디까지나 강압적이거나 처벌위주보다는 참고 참는다고 한다. 모든 교직자가 한마음으로 진심을 쏟는다면 면학분위기는 달라질 수도 있다고 하지만 의견 통일이 잘 안 된다고 했다. 우리

사회가 어쩌다 이렇게 되었을까, 하며 걱정했다.

평생을 바쳐 인류애를 실천하다가 꽃다운 나이에 꽃처럼 스러져간 이태석 신부가 절실하게 생각나는 오늘이다. 우리 인간은 좋은 일만 하고 살아도 한평생이 짧다고 하지 않는가. 그분은 비록 젊은 나이에 갔지만 꽃다운 이름은 영원히 우리 가슴에 남아 지워지지 않을 것이다. 오늘은 체육교사로 정년퇴직한 후배를 불러내어 맛있는 점심이나 함께 먹어야겠다.

불효자는 웁니다

벌써 몇 년 째인가. 한 달에 한 번쯤 고향에 내려가기를 되풀이하고 있다. 아버지가 생존해 계실 때는 그때마다 사랑방에서 한 이불을 덮고 잠을 잤는데 새벽녘이면 윗목에서 자고 있는 나를 깨우시곤 했다. 그리고는 선잠 깬 나에게 우리 집안의 내력이라든지 이런저런 집 안팎의 대소사를 자상하게 귀띔해 주기가 일쑤였다.

부자간의 격의 없는 조조대화早朝對話가 동이 틀 때까지 이어진다. 그러다가 가끔씩 내 직업에 대한 이야기가 나올 때면 무척 곤혹스러웠다. 아버지로서는 맏아들의 직업이 못마땅한 듯, 하는 일을 버리고 좀 더 그럴듯한 직종을 택해 출세해 주기를 바란다는 뜻을 비치곤 했기 때문이다. 그도 그럴 것이 당신 친구들은 교수나 교장, 거기다가 박사학위를 가진 자녀들이 수두룩한데 그런 직업이 몹시 부러웠던 모양이다.

그럴 적마다 미안하고 죄송스러웠다. 팔불출 소리를 들어도 자식자랑은 하고 본다는 세태이지만 나처럼 못난 자식 둔 죄로 그 흔한 팔불출 소리 한번 못 듣게 해드려서 측은하다는 생각이 들었다. 하지만 헌 신발 버리고 새 구두 사 신듯이 평생을 꾸려온 생업을 금방 바꾼다는 것이 쉬운 일인가.

하던 일 그대로 하면서 직업을 하나 더 가지는 것은 어떨까 싶어도 그 역시 쉬운 일이 아니다. 이를테면 아버지께서 바랐던 내 직업은 시의원이나 도의원이었다. 아니면 그럴듯한 기관장 후보로 출마하여 당선되기를 은근히 기대했던 것이다. 그것도 오랫동안 터를 닦은 후에 밑천을 차떼기로 실어 넣어 공을 들인 사람에게 돌아가지 아무나 갑작스레 될 수 있는 일이 아니다. 아버지께서 언젠가 어느 단체의 신년 하례회에 참석했다고 한다. 그날 군수와 경찰서장이 차례로 악수를 해 오다가 자녀가 출세하지 못한 내 아버지와는 악수도 없이 돌아갔다며 서운해 하셨다. 모임이 있던 날 새 양복에다가 깨끗한 와이셔츠와 빨간 무늬가 든 넥타이를 매고 갔는데도 알아주지 않더란 것이다. 그 이야기를 듣고 효도할 수 있는 방법이 없을까 하고 고민의 농도가 더 깊어진 것도 사실이다.

알다시피 내 고향 안동은 유교적 윤리관이 뿌리 깊게 박힌 곳이다. 사농공상士農工商의 위계질서에 따라 직업도 선비 사士자가 들어가야 행세하는 것으로 쳤으니 종업원 몇 안 되는 중소기업을 경영하는 나의 직업쯤이야 말단으로 치부될 수밖에 없을 것이다.

그러나 내 생각은 달랐다. 부모들께서 불만족하시는 것은 안타깝지만 지금 같은 고도 산업사회에서 사농공상의 유교적 질서가 무너진 지가 오래다. 이제는 거꾸로 상공농사商工農士라 우길 수는 없다 해도 나의 직업인 상공업이 천업賤業으로 괄시받을 하등의 이유가 없다고 믿어왔다.

나는 이날까지 내 직업에 긍지와 자부심을 갖고 성실하게 일해 왔다. 언제나 아침 일찍 출근하여 누구보다 먼저 할 일을 점검하며 하루의 일과를 감독했다. 나름대로 소비자가 믿고 찾는 제품을 만들어 신속정확하게 공급해 주는 일에 혼신과 정열을 쏟아 신뢰도를 얻었을 뿐이다. 그럼에도 무슨 새 직업을 구해야겠다는 생각은 눈곱만큼도 해 본 적이 없다.

내가 하루 종일 회사업무에 골몰하다가 퇴근해서 집에 오면 파김치가 되기 일쑤였다. 세수를 하는 둥 마는 둥 저녁상을 받으면 누적된 피로로 입맛을 잃는 날도 허다했다. 그처럼 열심히 일하면서 후회 없는 삶을 살아왔지만 아버지를 생각하면 회한이 없을 수 없다.

워낙 못난 탓에 아버지 생전에 바라시던 소원을 이뤄드리지 못했으니 죄인이요, 불효자라고 하지 않을 수 없다. 헤아릴 길 없는 부모의 은공을 손톱만치도 갚질 못했으니 어찌 미련한 불효자식이라고 하지 않으리오.

평소 아버지는 매주 월요일 밤 열시만 되면 어김없이 방송되던 모 방송국 가요무대 프로를 무척 좋아하셨다. 사람들이 노래를 하는 건 구슬픈 가락이 자기의 울적한 심정을 말해주는 것 같아서가 아닐까? 그런 이유에서 아버지 역시 흘러간 노래를 좋아하고 자주 들었지 싶다. 채워지지 않는 아들에 대한 기대, 거기서 오는 서글픈 심사, 그런 것이 한이 되어 한숨과도 같은 옛 노래들을 들으며 시름을 달래곤 했을 것이다.

이제 고인이 되신 지 8년이다, 아득한 명계冥界에 계시는 혼령께 불효자식의 사죄를 올리고 싶다. 이번에도 2박 3일간의 일정을 잡아 고향에 와서 평소 당신께서 거처하시던 사랑방 낡은 TV앞에서 인기가수가 부르던 '불효자는 웁니다' 를 따라 불러 보았다.

"불러 봐도 울어 봐도 못 오실 아버지!"

어찌할 수 없는 회한과 더불어 오늘따라 노랫말이 가슴속에 다가와 아버지가 한없이 그리워진다.

숫자에 목매달고

밤잠을 설친 적이 있다. 제30회 런던올림픽에 나간 선수들을 응원했기 때문이다. 금메달 열 개 이상을 따내고 참가국 205개국 중에서 당당하게 10위권에 들어주기를 바라면서 고래고래 소리를 질렀다. 작은 힘을 보탠 덕인지 그들은 무려 13개라는 금메달을 쓸어 담았다. 종합 5위라는 대기록을 세워 밤잠 설친 보상을 해 주어 고마웠다.

그뿐 아니고 또 기쁜 소식이 겹쳤다. 우리나라가 20-50 클럽에 들었다는 보도가 있었기 때문이다. 말하자면 20이란 숫자는 국민소득 2만 달러이고 50이란 글자는 인구는 오천만을 돌파했다는 뜻이다. 이렇게 두 가지 경사가 겹쳐 한동안 온 나라가 잔치집 분위기였다.

그러고 보면 나도 조그만 사업체를 운영하면서 해마다 수출목표 달성에 기여했고 국민소득 2만 불을 이룩하는데 일조 했다. 그뿐 아니다. 슬하에 아들 둘을 두었기에 인구 오천만 명을 채우는데 공을 세웠다. 이런 걸 보더라도 우리의 삶은 무슨 목표를 달성하는 일이라면 인생의 전부를 목매달기도 하고 기록경기를 하는 선수 이상으로 뛰고 또 뛴다. 그렇게 땀 흘린 자부심이 있어 이 같은 낭보에 흐뭇한 마음 감출수가 없는 것이다. 목이 쉬어도 좋고 날이 밝아도 그만이 아닌가.

지난 날 우리는 참으로 가난하고 암울했다. 돌이킨다면 1967년을 전후해서 인구가 삼천만에 불과했으며 국민소득은 500불이 고작이었단다. 그로부터 불과 30년이 지난 오늘은 세계적으로 유래를 찾아볼 수없는 강대국이 되었다. 그처럼 경제는 단기간에 엄청난 발전을 일구었지만 인구가 삼천 만에서 오천 만에 이르는 것은 오랜 기간 달성되지 않아 애태웠다고 한다.

근래에 내 손자가 태어났을 때, 어찌나 기쁘던지 내 돈 쓰고 팔불출이 되었는데도 싱글벙글하고 다녔다. 곧 이어서 둘째 손자가 태어날 것이라고 손꼽아 기다렸으나 그 아이가 열한 살이 된 지금까지 외동아들로 자라고 있다. 하지만 하나 더 낳으라고 속

마음을 드러낸 적은 없었다.

이처럼 한 가정에 하나 아니면 아예 낳지 않는다고 한다. 어찌 인구증가에 보탬이 되겠는가. 어떤 나라는 원치 않는 인구증가로 골머리를 앓는 것이 보통이라고 하는데 우리처럼 점차 줄어든다는 것은 참으로 섬뜩하다. 뿐인가.

머지않아 2045년에는 힘들게 달성한 오천만에서 사천만으로 줄어든다는 통계인데 긴박한 이런 일들을 알아주면서 대책을 세우고 살아가면 얼마나 좋을까. 오죽했으면 신혼부부에게 집 한 채씩 주어 결혼율과 출산율을 높여 보자는 제안을 어떤 정치인이 했다는 말을 들었다.

이래저래 2070년에 이르면 내 손자도 환갑에 이를 것이다. 그때 인구는 겨우 삼천만이 되어 1967년 수준으로 다시 되돌아간다고 예견했다. 이렇게 줄어들면 자연적으로 선진국 대열에서 뒤로 밀리고 마는데 올림픽에서 상위권에 든다는 것도 보장받을 수 없다고 한다. 상상하기조차 싫은 통계가 현실로 다가오고 있다니 어찌 무심할 수가 있겠는지.

옛글에도 오복 중 하나가 자녀를 여럿 두는 것을 엄지손가락으로 꼽으면서 부귀영화의 상징으로 삼지 않았던가. 그러다보니 지난날 자녀를 스무 명 이상 두었다는 흥부가 부럽다는 생각이 드는 요즘이다.

우리는 국민소득 5만 불 시대를 눈앞에 두고 있다. 그러기에 배고픈 시대를 떠올리며 궁상을 떠는 사람은 없을 것이다. 삶의 조건이 향상되고 나라의 복지제도가 탄탄한 만큼 배고프던 시절은 까맣게 잊고 개인주의에 빠져 살기 마련이다.

오늘도 그런 꿈에 젖어 널찍한 텃밭에 '할아버지 표' 가 찍힌 희망의 거름을 뿌리고 있다. 아닌 말로 흥부를 초대하여 아이 많이 낳는 방법에 대한 강의를 한다든지 독신자들에게 벌금을 매긴다면 어떨까, 하는 생각을 해본다. 마침 이 글을 퇴고하는 자리에서 아내가 넘겨다보며 "아이고 할배 냄새야!" 하면서 일어서 나가버린다.

겉모양

겉 다르고 속 다른 것이 세상이다. 드러나는 외모로 사람됨을 알기는 더욱 어렵다. 웬만큼 못생긴 얼굴도 성형외과에 가면 소위 '얼짱'이란 별명을 달고 나오는 판이니 겉모양만 보고 인격을 판단하기는 쉽지가 않다. 오죽했으면 하느님도 얼굴 뜯어고친 한국 사람을 저승으로 데려가기 어렵다는 말이 나왔을까.

한국인들, 특히 한국의 젊은 여성치고 얼굴 뜯어고치고 싶지 않은 사람이 없다고 한다. 웬만한 간선도로변에는 성형외과병원 간판이 유혹이나 하려는 듯 온통 독차지하고 있다. 그런 탓으로 요즘 의과대학생들 중에서도 성적이 우수한 학생일수록 성형외과를 전공하려고 줄을 선다는 세상이다.

나는 눈썰미 없는 사람에 속한다. 그러니 거죽이 화려함에 눌려 사람 알아보는 것이 쉽지 않았다. 더더욱 속까지 알아본다는 것은 어림없는 일이다. 일찍이 관상 보는 법이라도 배웠더라면 하고 생각해보지만 이제는 후회해도 소용이 없다.

우리 선조들은 인물을 감식하는 눈을 지인지감知人之鑑이라 해서 세상 사는데 없어서는 안 될 하나의 자질로 쳤다. 인간사 모든 것은 사람이 하는 것이요 사람을 잘 만나고 못 만나고 하는데 따라서 흥망성쇠가 달렸다고 보았기 때문이다.

그 옛날 유비劉備도 삼고초려 끝에 제갈량을 군사軍師로 삼았기에 천하삼분지계天下三分之計로 드넓은 중원을 통제할 수 있었다는 것이다. 그러고 근세에 와서도 대기업에서 신입사원을 뽑을 때 저 깊은 사람 속을 들여다보기 위해 관상으로 사람됨을 판단한다는 얘기는 모르는 사람이 없을 것이다. 그때 유비가 인물감식안人物鑑識眼에 힘입어 중국대륙을 평정했듯이 오늘날 우리가 세계 시장을 석권하는 경제 강국이 된 것도 다 재목을 고르는 안목이 남달랐다는 뜻이다.

내가 한때 외모 지상주의에 빠져 겉만 보고 섣불리 상대에게 다가 갔다가 낭패를 당한 적이 있었다. 말하자면 A씨는 공무원이었는데 그의 중후한 외모는 흡사 고위직처럼 보였다. 하루는 통상적인 인사치레로 "과장님!" 이라며 깍듯이 인사를 건넸는데 느닷없이 "저는 과장이 아니고 계장입니다." 라고 내 귀에다 대고 겸손이 담긴 속내를 털어놓았을 때 얼마나 당황했던지.

지난날 우리가 산업사회로 내달리며 고도성장을 하는 과정에서 계장은 과장, 부장은 한 단계 높은 국장으로 한 직급씩 높여 부르면 당연한 것처럼 여겼던 것이 사회적 통념이 아니었던가. 하지만 그날따라 하위직을 고위직으로 뻥튀기한다는 것은 듣기가 민망하다고 정중히 사양했던 그분 앞에서 아차 싶어 머리를 긁적댔던 것이다.

사람 보는 눈이 없으면 실수가 잦을 수밖에 없다. 나를 돕고 부족한 점을 채워줄 귀인貴人인지 해코지를 할지, 내면을 모르면 눈 감고 장사하는 것이나 다를 바 없다. 사람에게는 사람을 알아보는 통찰력이 있어야 정치건 사업이건 성공적으로 이끌 수 있다는 논리 아니겠는가.

나는 소년시절에 텃밭의 옥수수가 어서 여물기를 기다렸다. 높이 솟은 강냉이가 수염을 드러내고 왕성하게 자라는데 속통이 하도 궁금해 손톱으로 벌려서 들여다보았으니 듬성듬성한 알갱이가 하얗게 웃고 있었다. 촘촘히 영글려면 뙤약볕 아래 인내하는 시간이 더 흘러야 한다는 것을 모르면서 상대에게 흠집을 냈던 것이다.

이처럼 못난 나는 철부지 때부터 세상 보는 눈이 모자라도 한

참이나 부족했던 것이 지금까지 이어져 온 것 같다. 사람을 볼 줄 모르니 세상이치는 더더욱 미숙한 채 살아온 것이 어쩌면 천행이라 해야 하겠다.

그런데도 불구하고 늘 번드레한 외모에 자꾸 속는다. 그러자니 핵심을 놓치기 일쑤다. 화려한 포장술에 속아 충동구매를 하고 간드러진 전화음성에 사기를 당하다보니 육신이나 영혼이 얼마나 피곤했으랴. 그렇다면 사물의 진정성을 꿰뚫는 지혜는 언제쯤 생겨난단 말인가.

모순矛盾

이젠 봄이다. 저 남쪽나라에서 꽃소식이 완행열차 타고 우릴 찾아오는 봄은 기다림이요 희망이다. 겨우내 죽은 듯이 잠자던 만물이 소생하는 부활의 계절이야말로 무척이나 설렌다.

이런 날 아침, 식탁에서 두릅나물을 만났다. 초고추장에 찍어 맛을 보는데 봄 향기가 수저 끝에 따라와 입 안을 가득 채운다. 문득 임금님 수라상이 부럽지 않다는 생각이 들었다. 눈 녹은 바람이 아직 귓등을 스치는데 봄나물을 맛 볼 수 있다는 것은 때이른 호사를 누리는 것은 아닌지. 상큼한 향에 이끌려 자꾸만 젓가락이 왔다 갔다 하는 걸 봐도 내 입맛은 제철 봄나물에 봄바람이 나도 단단히 난 것이 틀림없다.

연한 새싹을 입에 넣고 우물거리는 동안 진실로 인간이 만물의 영장인지, 아니면 배를 불리는 단순한 초식동물에 불과한지를 생각하게 한다. 겨우내 칼바람을 피해 움츠렸다가 이제 막 고개를 내미는 연약한 새싹들을 사정없이 잘라내어 주저 없이 목구멍으로 넘기는 잔인함이라니. 이러고도 만물의 영장이라고 자처할 수 있느냐는 것이 내 지론이다.

두릅은 이른 봄부터 온다. 그렇다면 봄을 알리는 전령사이지 싶다. 낮에는 햇살이 손짓한다 하더라도 아침저녁 찬바람은 여전하겠지. 그런 칼바람을 아랑곳하지 않고 겨우내 닫아 두었던 떡잎의 창을 살며시 열어주는 걸 보면 봄 바람난 여인을 닮진 않았는지 모르겠다.

어려움 속에서도 여린 속살을 드러내 보이면서 사람을 유혹하는 진심은 어디에 있는가. 한 점 입에 넣으니 온 우주를 품은 향기가 삶에 지친 나에게 기력을 보태주었다.

두릅뿐인가. 곡우이전에 막 피어나는 새순을 골라 따내는 찻잎도 이와 다를 바 없다. 생명의 원천인 새싹을 자르는 것만으로도 부족하여 뜨거운 무쇠 솥에 덖어 낸 것일수록 명차로 친다고 한다. 그런 역정을 다 거친 다음 또다시 뜨거운 물에 우려내어 향기가 진하니 연하니 코로 한 모금 입으로 한 모금하며 신선을 자처한다. 그렇다면 인간의 욕망이란 어디까지란 말인가.

다도의 첫걸음은 마음을 가다듬은 후에 찻잔을 대해야 한다고 했다. 차를 끓인 사람에게 감사하며, 찻잔 속에 우러난 그 사람의 마음을 들여다보는 것이라고 했다. 우선 욕심을 채우기에 급급한 내가 찻잔 앞에서 그런 중용지도를 들먹일 것까지는 없다 하더라도 한번쯤 그들이 당하는 고통을 알려고 애를 써보기나 해야 한다. 모름지기 네 덕분에 이만큼이나마 건강하게 살고 있으니 흩날리는 눈발을 피하며 피어난 강인한 자생력에 대한 감사할 줄 아는 마음이 앞서야 최소한 차를 마시는 사람의 예의 아니겠는가.

문득 옛글 한 구절이 떠오른다. 창을 팔 때는 어떤 방패도 뚫을 수 있다고 선전하고, 방패를 팔 때는 세상의 어떤 뾰족한 창도 막아낼 수 있다고 한 이야기는 오래도록 기억에서 지워지지 않는다. 이처럼 상황에 따라 자기 이익을 위해 안과 밖이 일치하지 않는 행동을 할 때 모순矛盾이라고 말했다. 우리 인간도 여린 새싹을 삶기도 하고 뜨거운 물에 우려먹는다면 창과 방패를 팔던 상인의 자세와 다를 바가 없다.

공자는 도천盜泉이라는 단순한 동네 우물의 이름이 마음에 들지 않아서 고행 속에서도 목이 말랐지만 그 물을 마시지 않았다고 한다. 그처럼 위인의 자세는 못되더라도 연약한 새싹만큼은 목구멍으로 넘기지 말아야 한다.

두릅나물을 초고추장에 찍어 맛있게 먹던 날 향기에 취해 상대의 입장을 헤아려보지 못한 것은 사실이다. 맛으로 향으로 이로움이란 이로움은 다 준 그들의 희생정신을 당연한 것으로 착각하는 모순 말이다. 그러면서 두릅나물의 푸른 꿈까지 다 먹어치운 후 그도 모자라 뜨거운 물에 우려낸 녹차로 입가심까지 하면서 입천장이 뜨거운데도 억지로 참고 있다.

자존심

우리 집 뒤뜰은 조그만 대밭이다. 그쪽을 가만히 바라보고 있으면 은근히 걱정이 된다. 지난겨울 혹독한 추위에 누렇게 말라 죽었기 때문이다. 그들 곁에서 간신히 살아남은 몇 그루가 아등바등 하는 모습이 비교되어 안쓰럽기 그지없다.

삶과 죽음의 경계선은 얼마나 먼지 모르겠다. 그리 넓지 않은 대밭은 거의 다 말라버려 저걸 어떻게 살려낼 수는 없는지 골똘히 생각하다 보니 내가 더 답답하다는 생각이 든다. 잎이 푸르렀을 적엔 눈에 들어오지 않고 그냥 지나쳤는데, 눈 밖 세상이 자연스레 눈앞에 다가오니 모른 척 발길을 돌릴 수가 없다. 바다가 얼도록 추워도 댓잎은 얼지 않는다던 옛 선인들의 말은 무엇을 의미하는지 모르겠다.

그나마 제 본연의 얼굴색을 유지하고 있는 녀석들조차도 말라 버린 것들과는 아무 상관없다면서 나만 살면 그만이라는 이기심이 웬 말인가. 유독 상처를 안은 채 죽은 것이 살아있는 양 위장한 모습은 일찍이 시인묵객들이 예찬했던 사군자의 당당한 자세는 아니다. 생명이 붙은 것에 점수를 후하게 줄 수밖에 없는 내 심정을 이해 바란다.

곧은 성미나 대살진 몰골이 하도 딱해 동정이라도 해 볼 참인데도 눈을 마주치려고 하지 않는다. 그저 산 너머로 흐르는 구름만 바라보기에 회초리로 후려치는 시늉을 하는데도 아무 반응이 없다. 살았다면 잎이라도 살랑거리겠지만 삐쩍 말랐으니 세상사 무관하다는 뜻이겠지.

세상의 생명체들이야 혹한을 대비하고 살아가는 것쯤은 당연한 이치다. 그 중에서도 대나무하면 송죽松竹이라하여 솔과 함께 사랑했는데 얼어 죽은 저들의 주인인 내 심정은 다르다. 혹시나 무분별한 사람들이 자연을 훼손하고 못된 짓을 일삼아 앙갚음으로 저 지경에 이르렀겠지.

그렇게 애를 태우다가 무심결에 동화 속의 개미와 베짱이가 떠오른다. 개미들이야 내려쬐는 햇살을 등지고 부지런히 일했으니 추위가 닥쳐도 무슨 걱정이 있겠는가. 사람들이 대를 높이 추켜세우는 통에 나름대로의 우월감을 가지고 한 겨울을 그럭저럭 넘기려고 자만한 것은 아닌지 모르겠다.

말라버린 대밭에 살랑살랑 하늬바람이 찾아와 위로해주는 모습 또한 인간 세상을 닮았다. 만신창이가 된 주제에 아무나 상대하지 않겠다고 꼿꼿하게 선채 조석을 굶기를 밥 먹듯 하는 가난한 선비처럼 자존심을 앞세우면서 대꾸조차 하지 않는 모습이란… 누가 봐도 분명히 죽었는데도 살아있는 양 완벽한 위장술이야 말로 이해할 수가 없다.

"이봐, 녀석들아!"

어째 좀 생기를 찾아보아야지. 평소 너희들의 장점만을 시에 담고 그림을 그려내면서 사랑했는데 그 정리를 보아 이 세상을 긍정적으로 바라보며 내년 봄 회생해 볼 마음은 없는가? 독야청청 자존심이란 살아있을 때나 통하는 법이지 밥숟갈 놓아버린 주제에 자존심은 무슨 자존심이 그리 깊단 말인가. 만에 하나 나에게 신령스러움이 있어 새싹 돋아날 수 있게 한다면 무슨 걱정이 있을까.

혹여 대밭에도 남이니 북이니, 경상도니 전라도니 하는 서로 다른 대칭 같은 병에 걸리진 않았겠지. 툭하면 변하는 세상에다가 관리를 제대로 해주지 않는 이 못난 주인에게 대항해 보려던 참이었는데 그것이 안 되니까 아예 입을 다물고 삶을 포기해 버렸다면 다소 이해가 되겠네만.

인간 세계에서야 덩어리돈을 뇌물로 받아먹는 사람도 있겠지만 다행히 토심土深 깊은 곳을 탐내지 않고 군락을 이루고 살아가는 순수한 본심만큼은 알아줄 만하다. 뿐이겠는가. 처음부터 우리 집 뒤뜰을 고집하면서 소박했던 내 조상들과 소통한 고고한 오기傲氣까지도 높이 평가하고 있으니 어찌 좀 내 뜻을 알아주면서 생기를 찾아보게나.

아닌 말로 거름이라도 한 움큼 밀어 넣어 줄 생각은 않고 저걸 잘라다가 무엇에 쓸까, 곰곰 생각하는 나는 못난이 중 못난이라고 해도 좋다. 그렇다고 어디선가 불어오는 바람에 빈 몸을 맡기지 말고 두 주먹을 불끈 쥐어보게나. 말라버린 뒤뜰의 자존심 높은 대나무들아….

수필집

대숲에 달이 뜨니

2014년 10월 25일 초판1쇄 발행
2014년 12월 1일 초판2쇄 발행

지은이 정 인 호
펴낸이 이 길 안

펴낸곳 세종출판사
부산광역시 중구 흑교로71번길 12 (보수동2가)
Tel.(051)463-5898 Fax.(051)248-4880
E-mail. sjpl@chol.com

출판등록 제02-01-96

ISBN 978-89-6125-831-9 03810

값 9,900원

본 도서는 2014년 한국문화예술위원회, 부산광역시, 부산문화재단의 사업비 일부 지원을 받았습니다.